抄底

基本逻辑与七大战法

屠龙刀 ◎ 编著

中国宇航出版社
·北京·

版权所有　侵权必究

图书在版编目（CIP）数据

抄底基本逻辑与七大战法 / 屠龙刀编著. -- 北京：中国宇航出版社，2024.4
ISBN 978-7-5159-2354-3

Ⅰ.①抄… Ⅱ.①屠… Ⅲ.①股票投资－基本知识 Ⅳ.①F830.91

中国国家版本馆CIP数据核字(2024)第055430号

策划编辑	卢　册	封面设计	王晓武
责任编辑	卢　册	责任校对	洪　宇

出版发行　**中国宇航出版社**

社　址　北京市阜成路8号　　　邮　编　100830
　　　　（010）68768548
网　址　www.caphbook.com
经　销　新华书店
发行部　（010）68767386　　　（010）68371900
　　　　（010）68767382　　　（010）88100613（传真）
零售店　读者服务部
　　　　（010）68371105
承　印　三河市君旺印务有限公司
版　次　2024年4月第1版　　2024年4月第1次印刷
规　格　710×1000　　　　　开　本　1/16
印　张　13.75　　　　　　　字　数　182千字
书　号　ISBN 978-7-5159-2354-3
定　价　49.00元

本书如有印装质量问题，可与发行部联系调换

PREFACE 序

抄对一个底，金牛到碗里

底部，就是股价上涨启动的位置，是理论上最大涨幅的开始点位。如果说在市场上找一个买入后就不会亏钱的位置，那这个位置一定是底部。正因如此，市场上的投资者对抄底乐此不疲。即使经历了多次失败与挫折，仍有大量的投资者对抄底"心向往之"。

从投资的角度来看，底部是一个相对的概念，在不同的时间段内，股价可能有不同的底部。这些底部放到一起，有些可能就无法再称之为"底部"了。因此，所谓的"抄底"，也就是寻找某一时间段内的"相对低点"。从这点来看，股价在振荡过程中，可能会产生多个不同类型的底部，也就是我们通常所说的"波段底"。当然，与波段底相对应的，是级别更高的"趋势底"。从投资者角度来看，无论是找到了波段底还是趋势底，都能确保投资者收获一定的收益，这也是投资者抄底的最大动力所在。

从以往的经验来看，成功抄底所带来的收益往往都是非常巨大的，而且在股价启动的低点介入，在股价出现滞涨或出现回落迹象时出逃，无疑是一种非常有效的交易策略。对于抄底，投资者的心理一直都非常复杂：一方面希望能够参与其中，以便于及时捕捉股价上升的起点；另一方面又觉得抄底的风险太大，一旦底部判断失误，就可能带来非常大的损失。

其实，从实战操作来看，若投资者能够在抄底前构成一套稳定的交易体系，并严格设置止损位置，就能够在收获抄底收益的同时，合理控制抄底的风险。

对底部的认识不同，抄底的模式和策略也不尽相同。有的投资者比较偏好价值投资，因而在抄底时更加关注股票的基本面情况，寻找基本面底部；而另外一些投资者更加关注股票运行大趋势的底部，甚至是历史的底部；当然，更多的投资者所寻找的是股价运行的阶段底部。

为了让读者能够更加容易地成功抄底，避免轻易地被主力洗出局，笔者根据股价底部启动前后的特征，总结了成功抄底的七大战法，供读者参考。本书从左侧交易和右侧交易两个角度，详细讲解了趋势抄底战法、基本面抄底战法、均线抄底战法、MACD指标抄底战法、筹码分布抄底战法、量价异动抄底战法、画线工具抄底战法等七大抄底战法。

尽管成功抄底有千般好，但识别底部、捕捉底部并不是一件容易的事。一些主力资金为了让散户放弃已经在底部入手的廉价筹码，往往会制造各类诱空陷阱，让散户防不胜防。有些散户辛辛苦苦拿了很久的股票，却经常在"鱼跃龙门"成为大牛股前放弃了。究其原因，就是没能扛过主力的洗盘和诱空。

不仅如此，投资者在抄底期间也会经历大量的试错与过早上车、下车等情况，这些都使成功抄底变得非常困难。作为投资者，首先要坚定抄底的信心，其次要设置合理的仓位和止损位，最后通过不断地试错，帮助自己在投资的道路上及时校对方向，不断进步，最终成功实现"抄对一个底，金牛到碗里"的目标。

CONTENTS 目 录

第一章 底部的形成逻辑与形态特征

第一节 底部的类型与级别／2

一、趋势底／2

二、波段底／4

第二节 底部的形成逻辑／6

一、主力运作与底部形成／6

二、价格向价值的回归／9

第三节 底部的基本特征／12

一、量价基本特征／12

二、技术指标基本特征／14

三、筹码流动与底部形成／16

第二章 抄底模式与基本原则

第一节 左侧交易、右侧交易与抄底／21

一、左侧交易与抄底／22

二、右侧交易与抄底 / 23

第二节　抄底的原则 / 25

一、急跌不抄底 / 26

二、抄底不重仓 / 27

三、勿求最低点 / 28

四、抄底有计划 / 29

五、做错必止损 / 30

第三章　趋势抄底战法

第一节　趋势抄底法的基本原理 / 33

一、上升趋势 / 33

二、下降趋势 / 35

三、下降趋势的终结与上升趋势的形成 / 37

四、下跌趋势的尾声：底部背离的形成 / 40

第二节　趋势底的基本判断方法 / 41

一、政策面：看政策发力情况 / 42

二、基本面：看平均市盈率情况 / 45

三、市场情绪面：从极度悲观走过 / 46

四、技术面：超卖信号的发出 / 47

第三节　趋势抄底法的实操技巧 / 49

一、趋势逆转双底形态 / 49

二、趋势底部头肩底 / 52

三、趋势线破位抄底法 / 55

第四章　基本面抄底战法

第一节　基本面抄底法的基本原理 / 60

　　一、内在价值、价格与投资价值 / 60

　　二、股价与价值背离 / 62

　　三、股价异动与回归 / 64

第二节　股价基本面的计量 / 66

　　一、每股收益及收益增长率 / 66

　　二、市盈率法 / 68

　　三、PEG 法 / 70

　　四、市净率 / 72

第三节　基本面抄底法的实操程序 / 73

　　一、明确基本面抄底的选股标准 / 73

　　二、选择基本面计量方法 / 75

　　三、明确超跌的评估维度 / 75

　　四、结合市场环境实施抄底 / 77

第五章　均线抄底战法

第一节　均线抄底法的基本原理 / 83

　　一、持仓成本原理 / 83

　　二、动态平衡原理 / 85

第二节　均线异动与抄底 / 87

　　一、股价对均线的突破 / 87

　　二、均线低位黏合 / 89

三、均线乖离率 / 91

第三节　均线抄底法的实操技巧 / 94

一、负乖离过大与抄底 / 94

二、乖离率背离与抄底 / 95

三、20 日均线抄底法 / 97

四、三线黏合抄底法 / 98

五、均线波段抄底法 / 100

六、"猪笼入水"抄底法 / 102

七、"水下寻宝"抄底法 / 104

第六章　MACD 指标抄底战法

第一节　MACD 指标的基本功能 / 108

一、趋势识别 / 108

二、多空力量分析 / 109

第二节　MACD 指标异动与抄底 / 111

一、低位金叉与量价低位异动 / 111

二、0 轴金叉及抄底加仓策略 / 114

三、底背离与趋势、底部建仓 / 117

第三节　MACD 指标抄底法的实操技巧 / 118

一、背离共振抄底法 / 118

二、MACD 指标与 BIAS 指标组合抄底法 / 120

三、MACD 指标"天鹅展翅"抄底法 / 121

四、MACD 指标低位双金叉抄底法 / 124

第七章　筹码分布抄底战法

第一节　筹码分布抄底法的基本原理 / 127

一、成本与趋势理论 / 128

二、力量转化原理 / 129

三、心理影响原理 / 131

第二节　筹码移动与底部形成 / 131

一、低位单峰密集与底部形成 / 131

二、双峰填谷形态与波段抄底 / 133

第三节　筹码分布抄底法的实操技巧 / 136

一、底部单峰抄底法 / 136

二、双峰波段抄底法 / 138

三、主力"假摔"与筹码抄底法 / 141

四、回落单峰再出发抄底法 / 144

第八章　量价异动抄底战法

第一节　量价异动抄底法的基本原理 / 148

一、葛兰碧九大量价法则 / 148

二、成交量基础变化：放量与缩量 / 151

三、量价基础形态1：量价配合 / 152

四、量价基础形态2：量价背离 / 154

第二节　量价异动与股价趋势 / 156

一、成交量放大与新趋势的形成 / 156

二、成交量萎缩与趋势的尾声 / 158

　　三、成交量极值与趋势拐点 / 159

　　四、低位放量大阳线 / 162

　　五、底部缩量大阴线 / 164

第三节　量价异动抄底法的实操技巧 / 167

　　一、早晨之星抄底法 / 167

　　二、放量假阴线抄底法 / 170

　　三、缩量三连阴抄底法 / 172

　　四、量价双包抄底法 / 174

第九章　画线工具抄底战法

第一节　量价平衡线抄底法 / 177

　　一、下降量价平衡线画法 / 177

　　二、下降量价平衡线抄底法 / 179

第二节　黄金分割线抄底法 / 180

　　一、黄金分割线的基本原理 / 180

　　二、黄金分割线的画法 / 182

　　三、黄金分割线抄波段底 / 183

第三节　江恩角度线抄底法 / 185

　　一、江恩角度线基本构造 / 185

　　二、上升江恩角度线画法 / 186

　　三、上升江恩角度线判断波段底 / 187

第十章　抄底失败：止损与解套

第一节　抄底与止损安排 / 191

一、固定比率止损 / 191

二、前期支撑点位止损 / 192

三、入场线止损 / 193

第二节　常用的解套技法 / 194

一、124 解套法 / 195

二、高抛低吸解套法 / 199

三、一次性加仓解套法 / 203

第一章
底部的形成逻辑与形态特征

抄底，即在股价到达底部区域时入场买入股票，并预期股价将很快进入上升通道的行为。从理论上来说，若能成功实现抄底，无疑会为自己赢得较为丰厚的回报。然而在实战中，能够实现成功抄底者，往往寥寥无几。

第一节　底部的类型与级别

底部，从字面意义上来理解，即股价由下行状态转为上升状态的转折点。也就是说，只有股价从下跌转为了上涨，才能认定底部的形成。在实战过程中，这一转变有时是瞬间完成的，有时则可能需要经历一个漫长的过程。

同样属于底部，不同级别的底部形成后，股价的走势也是完全不同的。有些底部形成后，股价出现了长期的上涨；而有些底部形成后，股价只上涨了短短几个交易日。概括起来说，底部的级别主要分为两类：其一为趋势底，其二为波段底。

一、趋势底

趋势底自然与股价运行趋势息息相关。趋势的概念，自道氏理论问世后大放异彩，为世人所熟知。

道氏理论将股票价格的趋势运动划分成三类，即主要运动、次级运动和日间波动。主要运动是股市最基本、最重要的运动形式，是一种能够对股价走势产生长期影响的运动；次级运动则是一种迷惑性极强的，对主要运动进行修正和调整的运动；日间波动是一种重要性相对较低的，对股价整体走势影响较小的运动。

关于这三种运动，威廉姆·皮特·汉密尔顿（William Peter Hamilton）曾经这样解释：

"关于道氏理论，我们需要牢记在心的是股市有三种运动，即股市整体上升或下跌的波段，历时1~3年；次一级的回调或反弹，可能历时几天到几周不等；再有就是股市的日间波动。这三种运动同时存在，类似于向前的波浪，翻滚的波涛伴随着回撤的波浪冲向岸边。也许可以这样讲，股市的次级运动使其强有力的主要运动暂停了一段时间。不过，即使我们能有所阻碍，自然规律依旧占据支配性地位。"其实，正是这三类运动构成了整个股市的趋势运动。

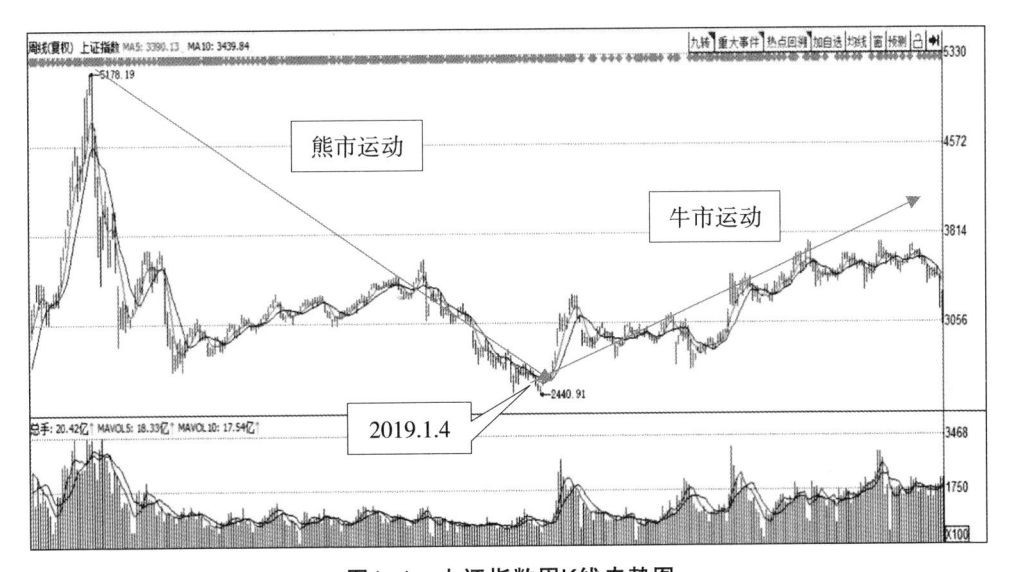

图1-1 上证指数周K线走势图

如图1-1所示，为上证指数自2015年年初到2022年年初的周K线走势情况。从图中可以看出，上证指数在七年多的时间里，先是出现了一波持续三年多的熊市运动，而后自2019年年初又反向开启了一波振荡上行的牛市运动。观察该图可以发现，在熊市运动和牛市运动内部，上证指数还出现了很多次与主要运动趋势相反的运动，即次级运动，但这些次级运动是无法改变主要运动的趋势的。

从图1-1中可以看出，2019年1月4日，上证指数完成了从以熊市运动为主的趋势转为以牛市运动为主的趋势。该时刻就是趋势转折的临界点，也就是我们在这里要提及的"趋势底"。

从图1-1中也能看出趋势底的典型特征。

第一，识别特别困难。借助道氏理论中关于趋势的定义来识别趋势底，需要等到后面股价回调的低点不再创出新低才能确认，这需要经历很长时间，而且作为投资者，也很难保证后面不会再有新的低点了。

第二，持续时间特别长。趋势持续的时间都比较长，无论是牛市运动还是熊市运动，都可能会持续数个月到数年不等。因此，在识别熊市与牛市转折点时，也需要更多的时间。

第三，趋势底一旦被准确识别，则可能会带来较为丰厚的回报。若所选的股票为市场炒作主线内的热门股票，则可能出现几倍甚至几十倍的涨幅。

第四，由于趋势持续的时间比较长，因而在研判趋势与趋势底时，也宜以日线、周线，甚至月线为主。

二、波段底

相较于趋势底，波段底是更为常见的一种底部形态。波段可以按照级别的大小分为大波段和小波段，与之相对应，波段底也可以分为不同的层级。通常来说，大波段的底部形成后，股价上涨的幅度更大一些；而小波段的底部形成后，股价上涨的力度可能要小很多。同时，日线级别的波段底与小时线级别的波段底，甚至5分钟线级别的波段底，都是不同的。从这个角度来说，趋势底确实可以看作是一种最大级别的波段底。

也就是说，趋势底往往可遇而不可求，可能需要历经若干年才会出现一次，而波段底则不需要那么长时间。只要你把分析周期调整到位，可能一个交易日内就会出现若干次波段底。当然，由于A股市场执行的是T+1交易规则，过小级别的波段底其实意义也不是很大，相对来说，还是以日线级别的波段底为主。

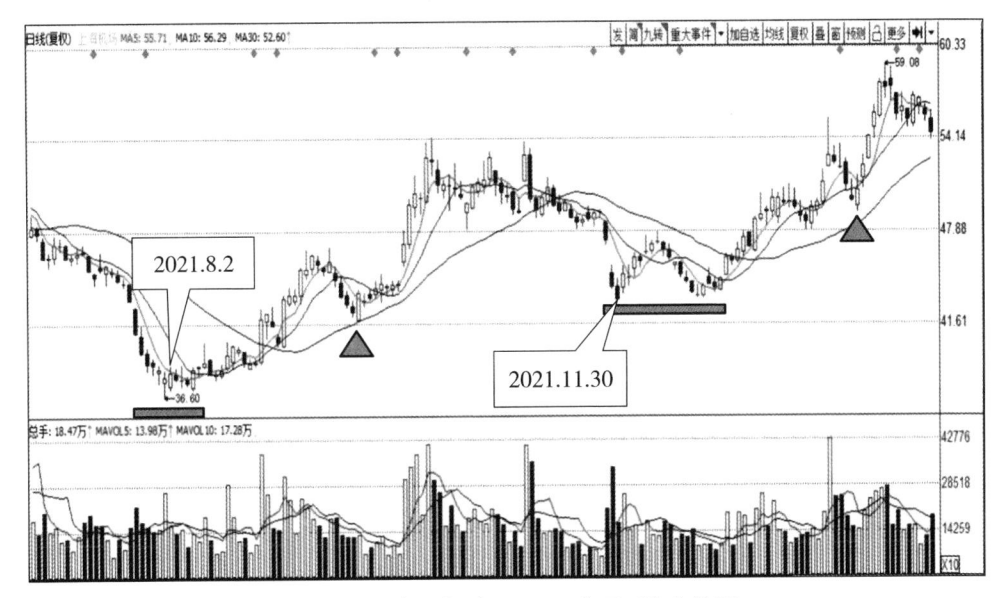

图1-2　上海机场（600009）日K线走势图

从图1-2中可以看出，自2021年下半年开始，上海机场的股价经过一波快速下跌后启动振荡上行走势。该股股价由下跌转为上升的过程中，形成了一个典型的底部形态。此后，该股股价在振荡上升过程中，又形成了几个明显的波段底。特别是2021年11月30日后形成的波段底，更是具有典型的双重底性质。

图1-2中所标识的位置就是股价在振荡运行过程中所形成的规模相对较大的波段底。其实图中还有很多小型的波段底，由于捕捉极为困难，且上攻空间有限，也就失去了研判的价值。

从图1-2中也能看出波段底的典型特征。

第一，持续时间相对较短。相对于趋势底来说，波段底形成的时间明显更短。特别是一些小级别波段所形成的波段底，时间更短。当然，大级别波段所形成的底部时间要长一些。

第二，通常来说，波段底在形成过程中，盘面上的一些技术指标会发出比较特殊的信号，如成交量柱由缩量向放量的转变、MACD指标的底部金叉等。正是这些技术指标的异动，为捕捉波段底提供了机会。

第三，从技术理论角度来看，很多技术分析理论都为寻找和判断波段底提供了支持，如波浪理论、江恩测市技术以及一些经典的画线技术等。这些技术理论方法可以为投资者捕捉波段底提供所需的技术支持。

第二节　底部的形成逻辑

其实，无论是趋势底还是波段底，这些底部形成的背后都有其必然的内在逻辑，可能基于主力运作的基本逻辑，也可能基于价格向价值回归的逻辑。

一、主力运作与底部形成

在准备抄底前，投资者需要了解一点：所有的底部都是主力运作的结果。从这点来看，可以清楚地知道，抄底是何其之难了。

1. 主力的特点与意图

从主力角度来看股价的涨跌与盈利，可以发现这样几个特点。

第一，主力的资金量非常庞大，无论是介入股票还是抛售股票，都不可避免地引发股价的大幅波动。

第二，由于A股市场属于典型的单边市场，只能通过做多盈利，也就是说，主力要想获利，也只能通过买入股票，然后等待股价上涨获得盈利。这点与散户无异。

第三，相对于散户，主力对股票和市场的理解程度更深，因此在市场上无论采取买入还是卖出行动，主力总是能先散户一步。这也是很多散户选择跟风主力的原因，也是主力最喜欢用的反向策略。

通过对主力情况的分析可以发现，主力想要盈利其实并不容易。若股价处于上升阶段，那么只要主力入场股价就会快速上升；主力若要卖出股票，股价就可能会下跌，最终导致自己被套其中。因此，这肯定不是主力理想的交易模式。从主力角度来看，最理想的模式莫过于低位建仓、高位离场了。然而，散户并不会轻易交出手中的筹码，因此，主力往往不惜对股价进行残酷的打压，如图1-3所示。

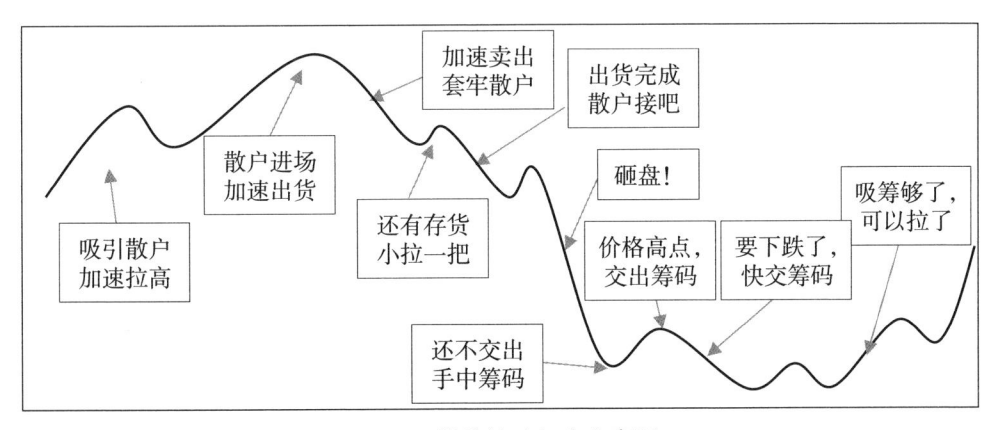

图1-3　股价波动与主力意图

2. 股价波动与散户心理

在市场上，与主力相对的就是散户了。散户的心态多数并不成熟，常常会随着股价的涨跌而出现剧烈的波动。如图1-4所示。

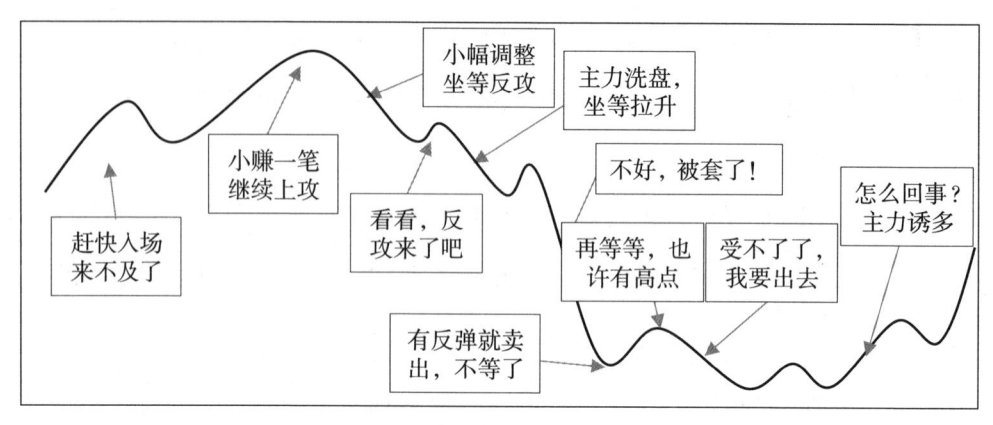

图1-4 股价波动与散户心态

3. 综合分析

通过股价波动与主力意图、散户心态波动的对比图，可以看出以下几点。

第一，主力通常都是利用散户弱点来进攻的。他们通过小利（股价上升）来吸引散户入场接盘，而后通过快速向下打压股价让散户心生恐惧，来获取散户手中带血的筹码。

第二，所有的底部都是主力用来吸筹建仓的，至于底部持续的时间和形态，则与主力吸筹情况、外围环境有直接关系。也就是说，主力吸筹较快，或者外围出现利好条件时，主力可能在底部停留的时间较短；反之，若外围环境不佳或主力吸筹不理想，则可能会花很多时间来慢慢吸筹建仓。此时，在底部区域往往会形成一些经典形态，如双重底、头肩底、圆弧底等底部形态。

下面来看一下佳都股份的案例，如图1-5所示。

从图1-5中可以看出，在2022年后期，佳都科技的股价出现了加速下跌走势。到2022年年底，股价出现了明显的触底迹象，成交量同步出现了较为明显的放大。这就意味着，很多散户已经对该股失去了最后的信心，放弃了手中的筹码。与此同时，主力则加大了入场的力度。

毕竟股票市场成交量柱的形成是以买卖双方交易为基础的，只有卖方没有买方就不会成交。底部异常放大的成交量，说明一方在极度看空股价，而另一方则在收集廉价的筹码。

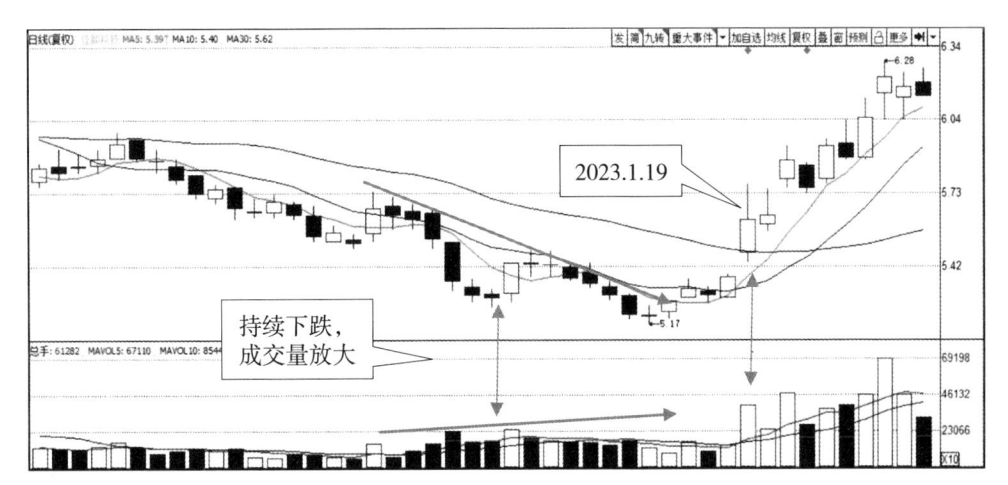

图1-5 佳都科技（600728）日K线走势图

二、价格向价值的回归

在市场上，股票价格并不是一直与价值相匹配，而是随着市场环境的变化而起起伏伏。通常情况下，经过一波大幅炒作后，股价会被炒至高位，这就与股票的内在价值出现了较大的背离。这种状态也是不能长期持续的，此后不可避免地会出现股价向内在价值的回归。不过市场又是充满情绪化的，当股价下行过程中，散户势必会做出较为激进的反应，从而导致股价出现大幅低于内在价值的情况，这又会促使股价再度向内在价值靠拢，此时也就形成了股价的底部。如图1-6所示。

通过图1-6可以发现这样几点。

第一，底部的形成与股价向内在价值的回归有关，且出现了明显的超跌行为。也就是说，股价已经远远低于其内在价值，此时也正是股价即将走出底部的时刻。

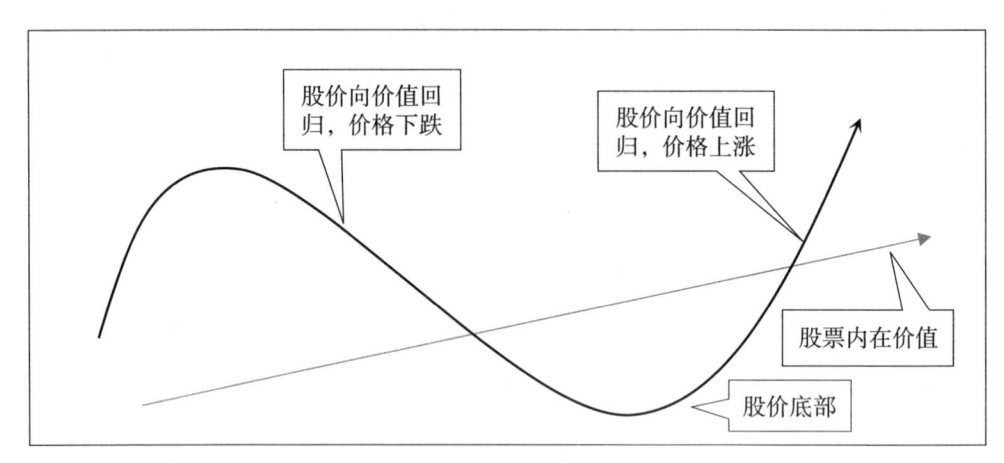

图1-6　股价向价值回归

第二，在熊市初期，一些绩优股表现得往往比较抗跌。但在熊市的尾声，很多超级大牛股常常出现补跌的情况，即在短期内股价快速下跌，股价呈现低于其内在价值的情况，紧接着就是这类股票底部的到来。其实，这个时候往往就是介入这类股票的最佳时刻。

下面先来看一下上证指数的日K线走势情况，如图1-7所示。

图1-7　上证指数日K线走势图

从图1-7中可以看出，上证指数的股价在2022年上半年出现一波典型的下跌走势。特别是4月下旬，上证指数出现了加速下跌状态。此种下跌形态会对市场产生较大影响，并使散户产生恐慌心理，很多投资者为了出逃，会不计代价和成本地抛售手中的股票，因此会带动一大批绩优股的下跌。

下面来看一下恒立液压的股价走势情况，如图1-8所示。

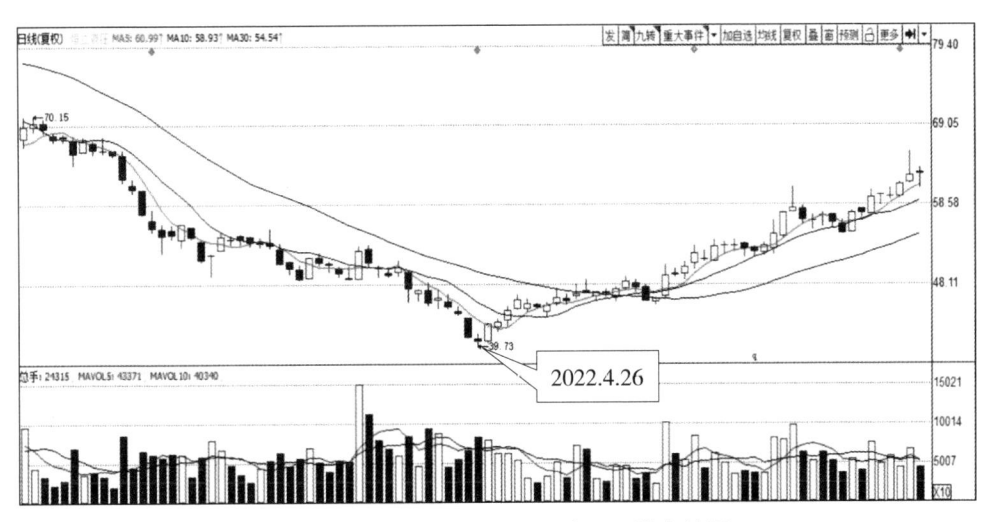

图1-8 恒立液压（601100）日K线走势图

恒立液压是国内专用油缸生产商，在业内拥有较强的竞争能力，属于典型的绩优股。恒立液压的股价在2022年上半年随着大盘的下跌走出了振荡下跌走势。到2022年4月下旬，大盘大幅走低，恒立液压的股价也大幅下挫。4月25日，该股股价更是出现了超过7个点的跌幅。鉴于此时该股股价已经远低于其内在价值了，也意味着股价很快就可能借助大盘的反弹而出现上攻。

4月26日，大盘继续走低，但恒立液压的股价出现了明显的止跌企稳信号。次日，即4月27日，该股股价在大盘向好的刺激下，出现了反攻走势，这也预示着该股底部的形成。此后，该股股价出现了一波振荡上升走势。

第三节　底部的基本特征

当一只股票进入底部区域后，在盘面上会呈现出一些典型特征。这些典型特征就是投资者入场抄底的重要参考依据。

一、量价基本特征

通常情况下，当股价持续下行时，市场上各方对股价未来走势的态度趋于一致，即大部分人都认可股价将继续下行时，这类股票的成交量会呈现萎缩态势，股价下跌幅度也会很大。而当股价下跌一段时间后，市场各方就会对股价未来的走势产生分歧，一方可能认为股价下跌已经到位，即将反弹，于是会启动买入股票的行动；另一方则仍保持看空股价，继续卖出股票，此时该只股票的成交量就会呈现放大状况。放量下跌就是这一阶段的典型特征。此后，若股价再度下行，而成交量呈现极度缩量时，则说明市场各方对股价运行趋势达成了新的一致，即股价将要反转向上运行了。这也是股价走出底部的内在原因。

从图1-9中可以看出，自2023年2月开始，启迪环境的股价就呈现出明显的振荡下行态势。到6月下旬，已经下跌较大幅度的该股股价出现了加速下行态势，与此同时，成交量也呈现出明显的放大态势。此时，持续下行的股价与反向增长的成交量之间形成了明显的量价背离情况，这也意味着市场各方对股价未来的走势产生了严重的分歧。

6月26日，该股股价再度下跌，而成交量相对前一交易日出现了大幅萎缩的情况，这属于典型的止跌信号，说明该股股价下跌趋势即将终结。

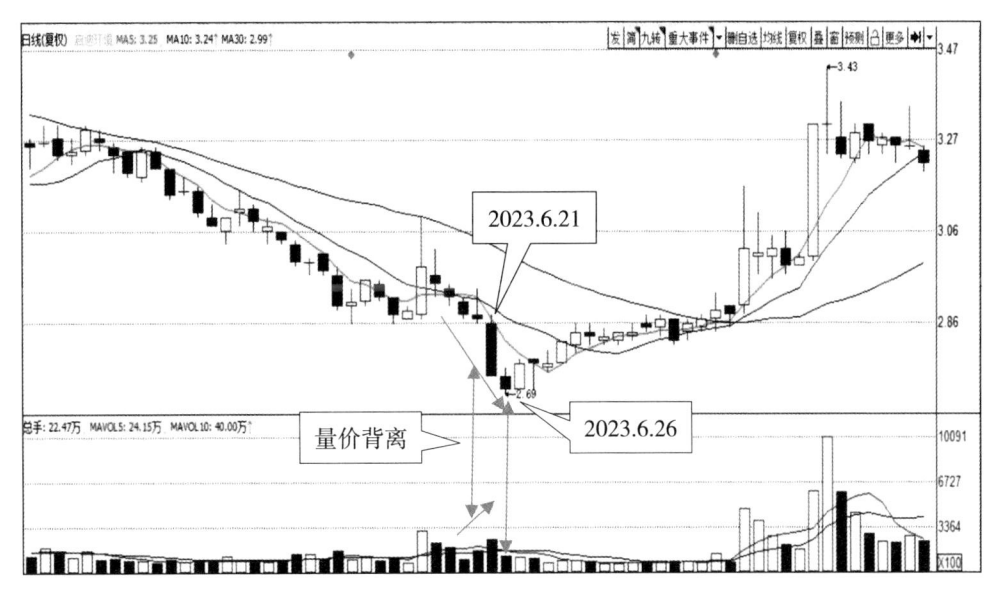

图1-9 启迪环境（000826）日K线走势图

此后，该股股价出现了振荡上升走势。

有些情况下，股价止跌后并不会立即启动反攻走势，而是在底部区域进行横向振荡。在底部区域形成某些经典的底部形态后，才开始向上拉升。一些经典底部形态，如双重底、头肩底、圆弧底就是在此阶段形成的。

下面再来看一下大湖股份的案例，如图1-10所示。

从图1-10中可以看出，自2023年2月开始，大湖股份的股价就呈现出明显的振荡下行态势。到4月下旬，已经下跌较大幅度的该股股价出现了加速下行态势，与此同时，成交量也呈现出明显的放大态势。4月25日之后，该股股价出现缩量止跌迹象。此后，该股股价一直在底部区域振荡盘整。5月30日，该股股价形成了短期内的第二个低点，该低点与4月25日的低点共同构成了双重底形态。投资者可以把股价在底部两个低点之间的反弹高点作为基准点绘制一条直线，也就是双重底的颈线。

2023年6月6日，该股股价放量上升，并突破了双重底的颈线位，标志着该股股价正式走出了底部形态。此后，该股股价迎来了一波上升行情。

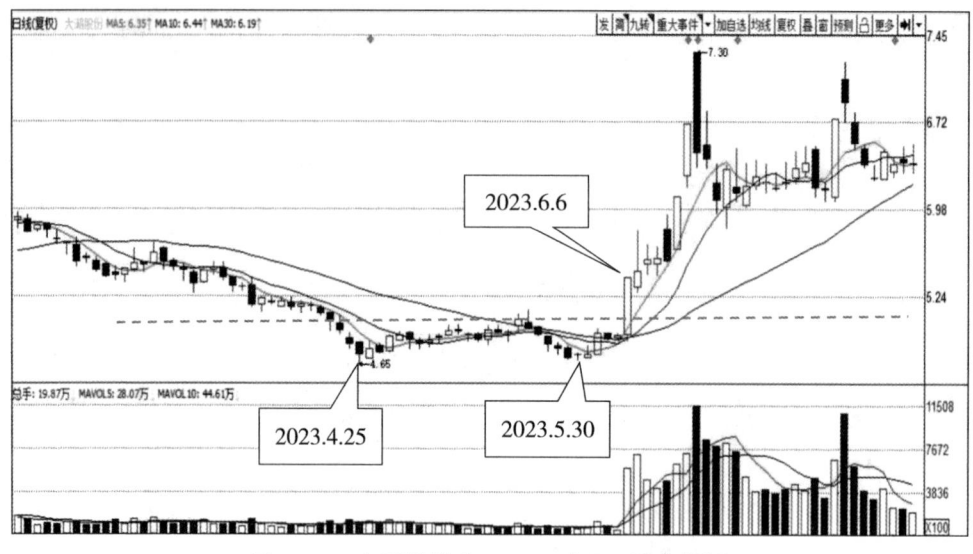

图1-10　大湖股份（600257）日K线走势图

二、技术指标基本特征

底部形成过程中，经历了股价由下跌到反向上涨的转变，很多技术指标在此过程中也会发出一些异动信号。很多经典的底部买入信号就是在此期间发出的。比较典型的技术指标信号包括：MACD指标0轴下方的低位金叉，均线指标乖离率达到极值后反弹，均线指标出现低位金叉等。

下面来看一下筑博设计的案例，如图1-11所示。

从图中可以看出，自2022年12月初开始，筑博设计的股价就呈现出明显的振荡下行态势。到2022年12月底，已经下跌较大幅度的股价出现了加速下行态势，MACD指标同步振荡下行。2023年1月3日，该股股价出现放量上攻迹象，MACD指标同步向上拐头。

1月5日，该股股价高开平收，MACD指标此时却出现了低位黄金交叉形态，属于典型的看涨信号，说明该股股价有望出现反弹走势。

此后，该股股价出现了一波振荡上升行情。

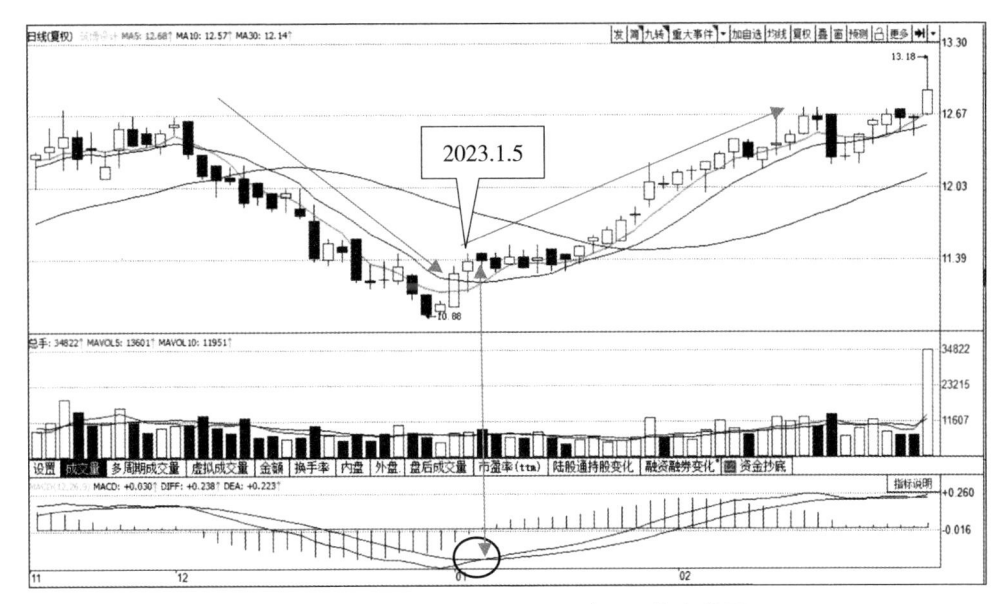

图1-11 筑博设计（300564）日K线走势图

观察图1-11可以发现，该股股价在走出底部形态时，MACD指标所形成的黄金交叉点位于0轴下方较远的位置。这说明尽管多方已经开始反攻，但空方力量还是很强。很多股票并没有就此立即转入反攻行情，而是呈现低位振荡走势，MACD指标此时可能会呈现缓慢的上行，逐渐接近甚至跨越0轴。此后，随着股价再度上攻，MACD指标还可能会在0轴附近形成一个新的黄金交叉点，该交叉点的成色更足，看涨意义也更大。

下面再来看一下平煤股份的案例，如图1-12所示。平煤股份的股价自2023年2月出现了振荡下跌走势。随着股价的下跌，MACD指标也随之走低。

2023年6月27日，该股股价触底反弹，MACD指标同步形成了第一个低位金叉。不过，此交叉点位于0轴下方较远位置，属于成色并不高的交叉。此后，该股股价出现了横向振荡走势，MACD指标却出现了持续上扬态势，并一度向上突破了0轴。

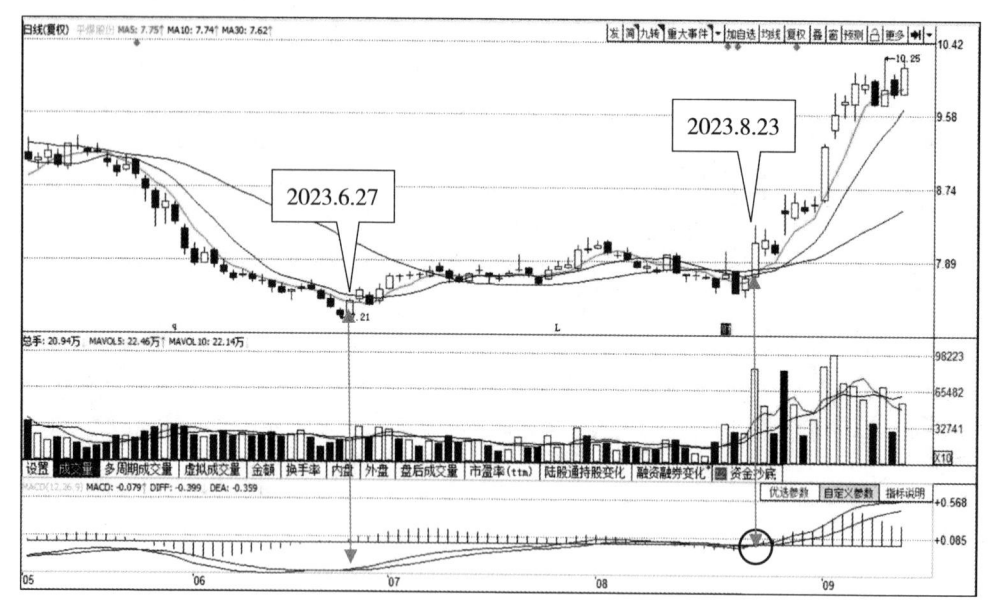

图1-12 平煤股份（601666）日K线走势图

到8月中旬，该股股价出现了小幅回调，MACD指标在0轴附近形成了死叉；8月23日，该股股价大幅上攻，MACD指标再度形成黄金交叉，此交叉点位于0轴附近位置。该金叉属于成色较高的黄金交叉，预示股价后市看涨。

此后，该股股价迎来了一波大幅上攻走势。

三、筹码流动与底部形成

筹码分布技术也是技术指标中的一种，但属于相对特殊的一种。在识别大型底部，特别是趋势底时，效果还是非常不错的。

筹码分布理论是指根据筹码流动性的特点，对标的股或指数的成交情况进行汇总分析，得出某一时段的筹码结构（即各个价位成交股票的数量），从而预判股价未来走势的一种技术方法。

筹码分布图通常通过线条的长短反映在某一价位成交股票的数量；通过

线条集合所展现的形态，反映某一价位附近筹码的集中度。同时，筹码分布的形态会根据每日成交量和价格的波动而变化。

通常情况下，若筹码分布呈现单峰密集形态，意味着股价很可能会出现单边上涨或下跌走势；反之，若筹码呈多峰密集形态或发散形态，则意味着股价运行过程中所遇到的支撑与阻力会很多，股价振荡运行的概率较高。投资者若能对这些筹码峰所处的位置以及股价波动情况有所了解，就能大致判断主力的动向，为自己的操盘计划提供更多的决策支持。如图1-13所示。

图1-13 中科曙光（603019）日K线走势与筹码分布图

从图1-13中可以看出，中科曙光的股价自2023年6月19日到达阶段高点后，立即转入了下行趋势。到9月中旬，该股股价已经下跌超过35%了。观察9月14日的筹码分布图可知，此时在该股的底部已经开始形成一个较大的筹码峰，而上方的筹码峰相对较小，但仍具备一定的规模。这说明上方仍有一部分套牢盘没有出清，短期内股价走高的概率并不大。

位置决定价值。筹码峰，尤其是单个筹码峰所处的位置以及与价格的关系，很可能对股价未来走势产生巨大的影响。一个或多个筹码峰形态的出现，说明在某一或几个价位区域成交量较大，而这背后多是主力运作所形成的，如主力出货或主力吸筹等。当这些筹码在底部或顶部聚集完成时，就是股价即将选择突破方向之际。

下面先来看一下迪威尔的案例，如图1-14所示。

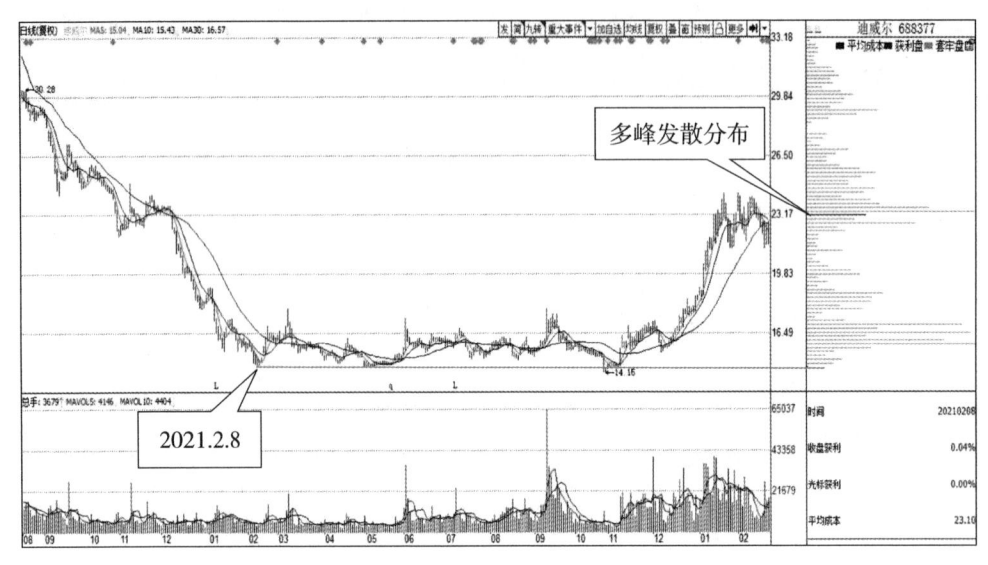

图1-14 迪威尔（688377）日K线走势与筹码分布图一

从图1-14中可以看出，自2020年下半年开始，迪威尔的股价出现了大幅下跌走势。到2021年2月初，该股股价下跌至底部区域，下跌动能明显不足，说明股价存在触底的可能。观察此时的筹码分布图可知，该时段的筹码分布图呈现多峰发散分布，说明顶部的套牢盘并未割肉离场，这也意味着短期内主力庄家并不会大幅向上拉升股价。

此后，该股股价进入了漫长的横盘振荡整理期，如图1-15所示。

从图1-15中可以看出，迪威尔的股价从2021年2月开始到12月底的这段时间里，一直处于横向盘整走势。到2021年12月底，该股股价的横盘已经进入尾声。观察筹码分布图可知，此时筹码呈现明显的底部单峰密集分布，这意味着上方的套牢筹码已经被主力以低价拿到。主力已经基本上完成了吸筹操作，未来股价上涨的概率很高。

图1-15　迪威尔（688377）日K线走势与筹码分布图二

2021年12月22日，该股股价放量上攻，股价K线已经站在了筹码峰的上沿位置。这就意味着股价上方已经没有多少套利阻力位了，主力拉升股价将会变得非常容易。

此后，该股股价正式启动了一波大幅上攻行情。

第二章
抄底模式与基本原则

抄底是一个技术活，需要运用合适的策略，掌握恰当的时机，还要善于资金管控。只有将各方面都做好了，才有可能让自己立于不败之地。

第一节　左侧交易、右侧交易与抄底

左侧交易与右侧交易是股市中常见的两种交易模式。左侧交易是指在一个操作周期内，在股价下跌至波谷前买入股票，并在股价上涨至高峰前卖出股票的一种交易模式；右侧交易是指在一个操作周期内，在股价走出波谷后买入股票，并在股价顶部形成后卖出股票的一种交易模式，如图2-1所示。

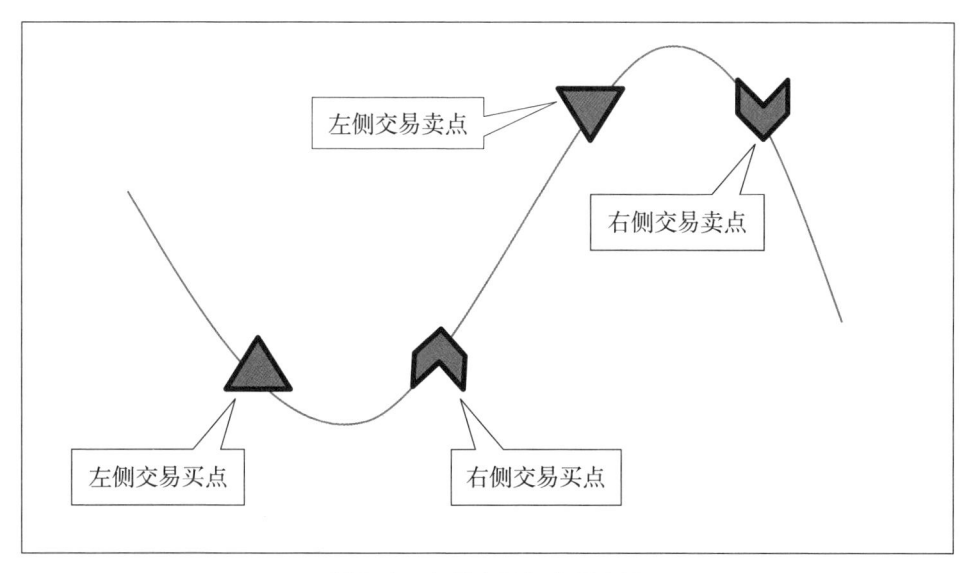

图2-1　左侧交易与右侧交易

左侧交易模式强调对股价预判的及时性，即尽量做到在最低点前买入，在最高点前卖出；右侧交易模式则强调对股价真实运行趋势的确认，即当股价趋势走出低谷时买入，在股价顶部已经形成时卖出。

一、左侧交易与抄底

从理论上来说，基于左侧交易进行的抄底，更多地依赖于对股票内在价值与价格的判断。这比较倾向于价值投资，即当股价大幅低于其内在价值时，入场建仓，而后等股价回归正常价格时再执行卖出操作。当然，市场上也有很多投资者之所以建仓某只股票，只是因为这只股票下跌幅度较大，存在反弹的需求。其实，这也是造成很多投资者被套于"半山腰"的原因所在。

在具体实战过程中，投资者不能仅凭股价出现了较大幅度的下跌或股价低于内在价值了，就要入场建仓。左侧交易建仓也需要考虑合理的建仓时机，下面两种状态就属于相对理想的建仓时机。

第一，股价经过大幅放量下挫后，下跌动能得到充分释放，成交量开始萎缩，股价很难继续走低了，盘面上经常出现低位十字线、锤头线或倒锤头线等形态。

第二，个股经过长时间的下跌后，股价即将到达重要支撑位，如整数关口或者重要的前期高点、前期低点、趋势线位置等。

下面来看一下中国平安的案例，如图2-2所示。

从图2-2中可以看出，中国平安的股价在2022年随着大盘的振荡走低，而不断创出新的低点。中国平安在A股市场上属于典型的超级绩优股，每股净资产超过了50元。

2022年10月24日，该股股价随着大盘的下跌，出现了大幅放量下挫态势。此后该股股价连续两个交易日收出小十字线，说明其下跌动能得到了充分释放。喜欢左侧抄底的投资者可在此时入场买入股票。

10月31日，该股股价在大盘走低的带动下再度下杀，但此时的下跌已经是该股最后一跌了，而后股价进入振荡上扬区间。

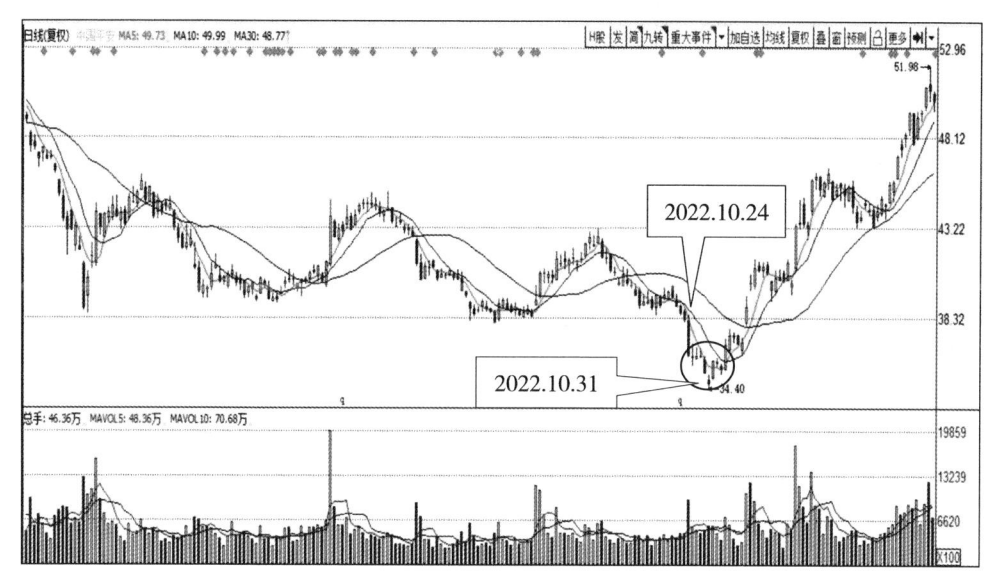

图2-2 中国平安（601318）日K线走势图

通过上述案例，可以发现左侧抄底需要注意这样几点。

第一，在大部分时间内，左侧抄底其实很难抄到真正的底部，因此在入场时，必须控制好仓位，首次介入仓位不能过大，以便于后面加仓。

第二，介入股票前需要做好交易计划，包括预期股价上涨或下跌到何种幅度加仓、离场等。

第三，介入股票前需要对个股的内在价值、盈利模式有清晰的理解。只有当股价大幅低于其内在价值时，才是入场的上佳时机，绝不能因为股价相对之前有较大跌幅就草率入场。

二、右侧交易与抄底

相对而言，右侧交易属于相对稳妥的交易模式，也是很多喜欢抄底的投资者常用的交易方式，即在股价底部已经完成时才介入个股。当然，从理论上来说，此时股价很可能脱离底部区域一段时间了，距离最低点有一定上涨幅度了，但却是一种相对安全的选择。

从投资安全角度考虑,在具体抄底过程中应该注意以下几点。

第一,借助多种技术分析工具进行综合研判,以提升判断的准确性。

第二,在入场建仓时,以分批建仓为原则,只有第一批入场资金产生盈利后,才能进行二次建仓。

第三,设置止损位,并严格执行。右侧交易与左侧交易不同,右侧交易入场所依据的是对市场走势的判断,一旦股价没有上涨而是出现了下跌,只能说明判断出现了错误,应该第一时间止损,而非加仓。

下面来看一下光迅科技的案例,如图2-3所示。

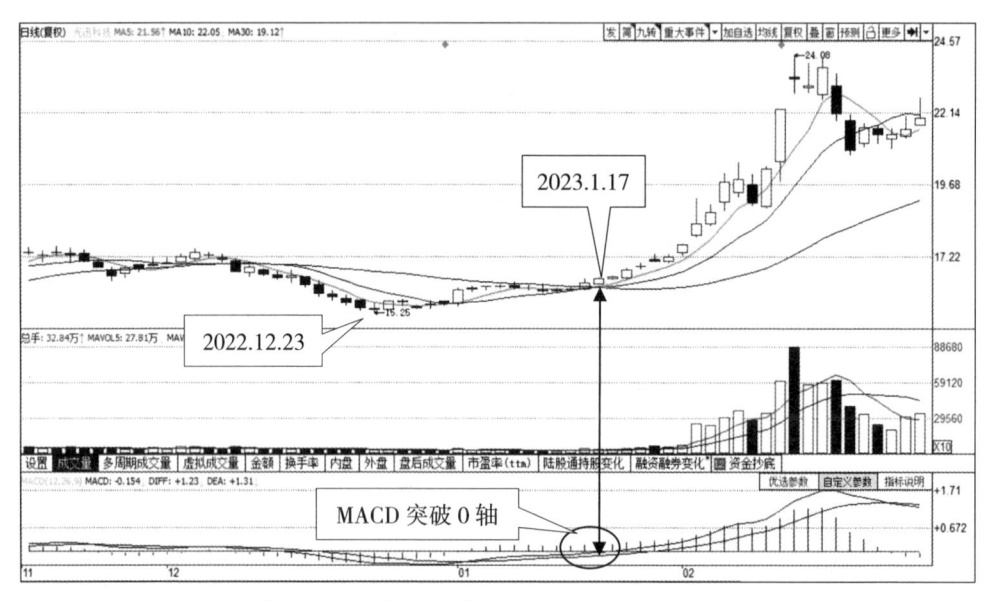

图2-3 光迅科技(002281)日K线走势图

光迅科技的股价在2022年年底出现了一波大幅下跌走势,到12月23日,该股股价创下阶段低点。但是按照右侧交易理论,此时并不能确定就是该股股价运行的底部区域。

其后,该股股价出现了振荡上扬走势。2023年1月17日,该股股价向上突破了30日均线,与此同时,各条均线同步形成了黄金交叉形态,这都属于典型的看涨形态;MACD指标在此时向上突破了0轴,也是行情向好的信号。右侧抄底的投资者可考虑此时建仓该股。

观察该股的走势可以发现这样几点。

第一，右侧抄底不可能抄到最低点，有时可能已经从最低点上升了一定幅度，但相对更加安全。

第二，右侧抄底入场者有一个天然的止损位，即前期的底部最低点位。由于所有的技术分析都是假定该位置位于最低点后才入场的，因此若股价向下跌破了该位置，投资者就应该果断地离场止损。

第二节　抄底的原则

抄底，就是选择与风险为伴，因此，安全永远是第一位的。投资者在抄底时，必须坚守以下五条原则，如图2-4所示。

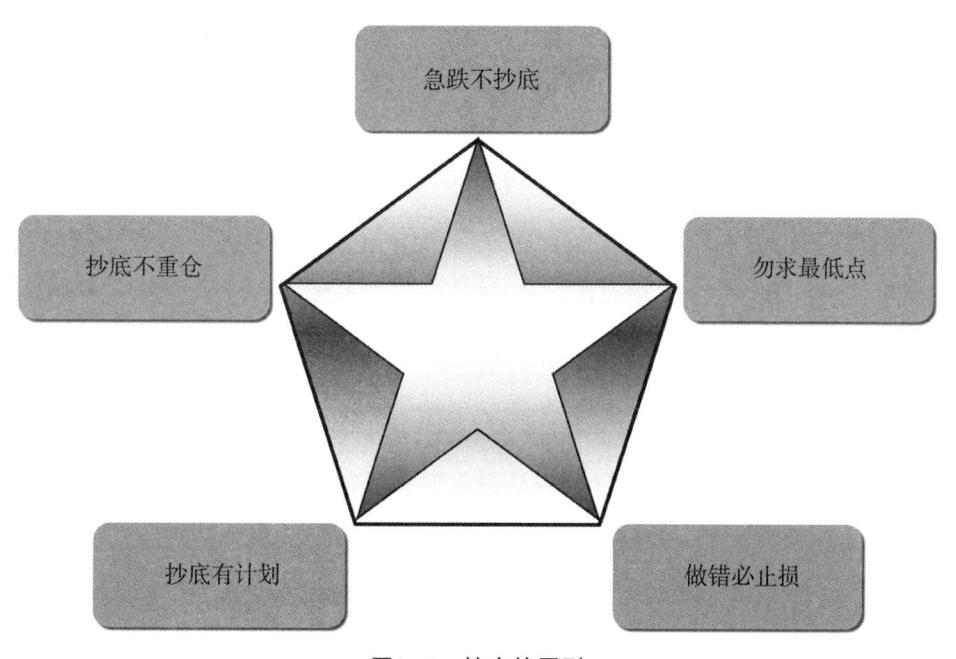

图2-4　抄底的原则

一、急跌不抄底

底，都是跌出来的，但这并不意味着股价处于急跌走势时，投资者应该立即进场抄底。无论属于左侧交易还是右侧交易，都没有理由在股价急跌时入场。即使股价已经大幅低于其内在价值了，也要等到股价企稳之后才能进场。股价跌势不止，你永远不知道这种下跌何时才是尽头。

从另一个角度来看，任何事物的运动都是有惯性的，股市也是如此。当股价进入快速下跌趋势时，市场内的资金就会因为恐慌而纷纷外逃，而资金的外逃又引发了股价更大幅度的下跌，如此就进入了一种恶性循环。这也是股价开始大幅下跌后很难止跌的原因，因为市场信心的恢复需要时间。另外，很多时候在下跌过程中偶尔出现的反弹，也会被很多投资者看作较好的出逃机会。因此，这种在下跌途中出现的反弹，有时还没有形成一个涟漪就终结了。

下面来看一下东方雨虹的案例，如图2-5所示。

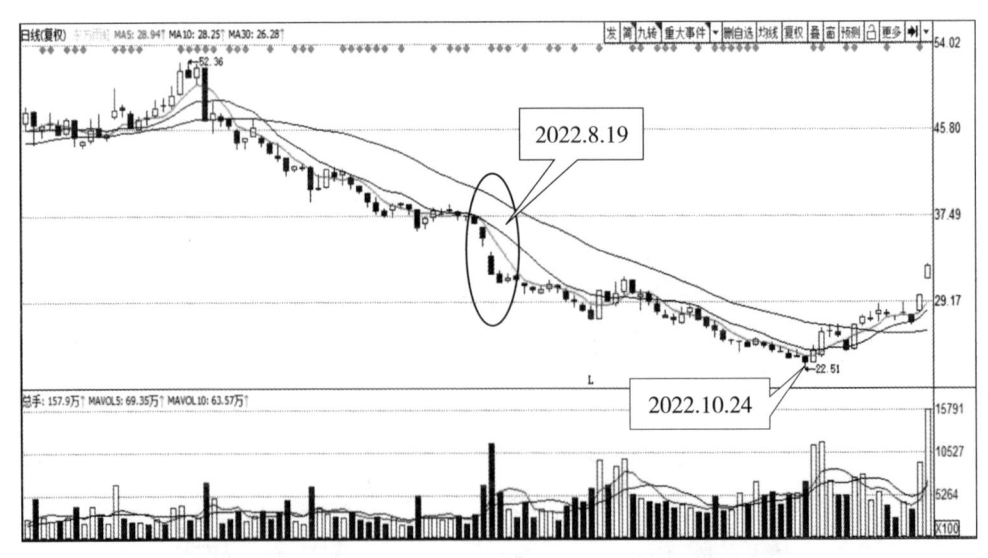

图2-5　东方雨虹（002271）日K线走势图

自2022年下半年开始，东方雨虹的股价呈现出明显的振荡下跌态势。到

8月中旬，该股股价已经从最高点的52元左右，下跌至37元左右，跌幅接近30%。很多投资者因此想到入场抄底。

自8月19日开始，该股股价进入急速下跌区间，几个交易日内股价跌幅超过15%，股价已经从37元左右跌至32元左右。这使得又一批投资者急匆匆地入场抄底。可是，这种急跌之后，股价并未立即反弹，而是继续走低。这使得先前抄底的投资者全部站在了"山腰"上。

这种下跌态势一直持续至10月底，此后股价才开始企稳反弹；而股价也来到了22.50元左右，比先前的32元又跌去了将近30%。

由此可见，在急跌之时入场，将会给自己的资金带来多大的风险。

二、抄底不重仓

没有人能够精准地预测底部。网上有很多大师级的人物，经常宣称自己在何时判断对了底部，并且大赚一笔，于是追随者甚众。可是渐渐地大家就会发现，这些大师也只是偶尔碰对一次而已，根本做不到次次预测对底部。

事实上，很多被股民奉为股神级的人物，也没有能力预测股市的底部，更何况我们普通人。也就是说，从你入场抄底的那一刻开始，就需要做好抄底失败的准备。要想好，股价没有上涨怎么办？下跌5%，怎么应对；下跌10%，又怎么应对；下跌20%呢？

看到这些，在抄底时你还能自信地一次性全仓杀入吗？全仓进入，无异于自杀。总之，正确的抄底模式，就是少量入场，试盘，看看市场是不是和自己的判断一致。只有判断正确了，才能进行适当的加仓，否则就不要再加仓了。当然，左侧交易是个例外。毕竟左侧交易本身就允许市场继续走低，但也要控制好初始仓位。重仓被套，再加仓也是很难走出亏损、迎来盈利的，即使是左侧交易也不行！

三、勿求最低点

抄在最低点，是每个抄底者的梦想。然而，在现实交易中，只有极少数人能够真正做到在最低点抄底。当然，在抄底时，他们也并不确定这就是最低点或底部，只是随后股价开始上涨了，才知道自己真的抄在了最低点。

总之，对于大多数投资者来说，最低点是可遇而不可求的。我们研究抄底，其实并不是要找到最低的那个点，而是股价进入底部区域后，能够很快脱离的区域。只要在底部区域买入了，那么你就是一个成功的抄底者，你的表现就已优于市场上80%以上的投资者了。反之，如果过分追求抄在最低点，很容易让人陷入"买入—错误—卖出—再买入—再错误—再卖出"的恶性循环。

将抄底入场时机放置在整个底部区域，而非一个最低点的好处在于：投资者有时间观察股价在"可能的最低点"之后的表现。若股价出现企稳状况，那么这就是底部了，此时再买入股票，即使错过了一小波利润，但也收获了安全；反之，若这个"可能的最低点"失守了，自己还没有入场，也就避免了资金损失。

下面来看一下包钢股份日K线走势图，如图2-6所示。

自2021年年底，包钢股份的股价开始呈现振荡下跌态势。在股价下跌过程中，多次呈现出即将形成底部的迹象，而且数次在股价经过一波下跌后，都出现了带长下影线的K线，给人一种下跌企稳的感觉。若在2022年4月27日前的几个低点入场，几乎无一例外会被套在"半山腰"上。

而2022年4月27日所形成的低点，却又是最不像最低点的一个低点了。不过，是不是最低点都不重要，我们首先需要确认的是股价的底部区域。此后，该股股价经过多日的振荡盘整后，于5月23日强势涨停，股价K线放量突破多条均线，给人一种股价即将启动上涨的感觉。此后，该股又出现了几个交易日的回调，至6月2日，股价再度上升，标志着股价回调的结束，也是股价正式走出底部区域的开始。想要抄底的投资者，此时入场就是一个不错的机会。

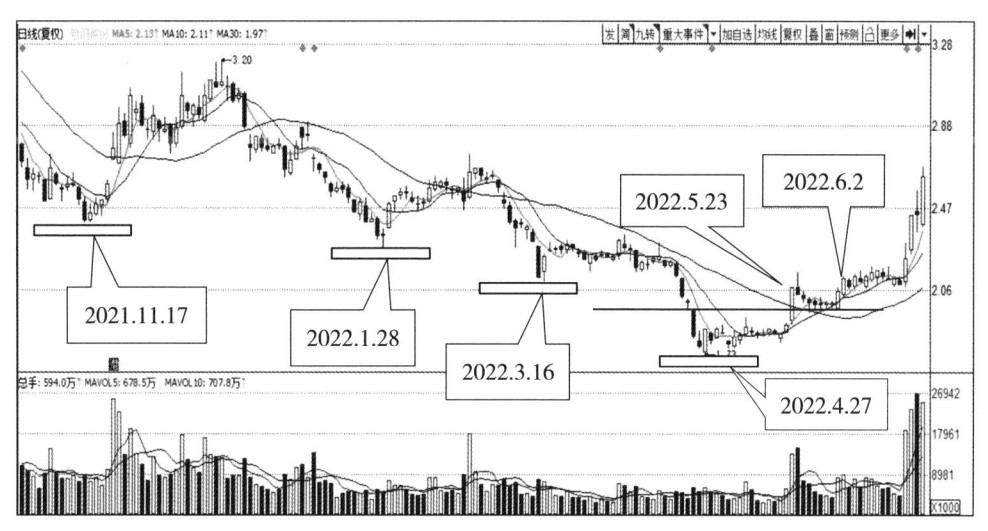

图2-6 包钢股份（600010）日K线走势图

四、抄底有计划

抄底是一种风险极大的交易活动。因此，入场抄底前，必须要有一个清晰的计划。抄底计划的有效实施需要遵循以下几项标准，如图2-7所示。

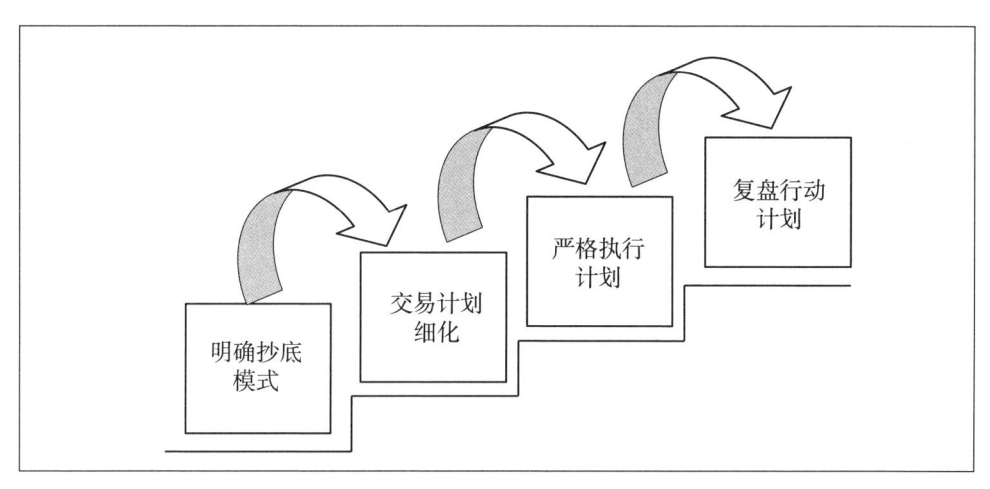

图2-7 抄底计划有效实施的标准

步骤一：明确抄底模式。

制订计划前，需要明确整个抄底行动所依据的交易模式，是左侧交易还是右侧交易。在后面制订行动计划时，不同的交易模式需要采取完全不同的行动。若是左侧交易，需要对股票本身的质地、内在价值进行研究；若是采用右侧交易，则需要对股票技术形态进行综合研判。

步骤二：交易计划细化。

这一步骤为整个计划的核心环节。抄底计划中应该明确抄底入场的步骤以及资金配置，若股价出现上涨后，加仓、减仓以及止盈计划；若股价出现下跌时，减仓、加仓与清仓计划等。总之，投资者需要根据股票的不同，为计划中的每个环节设置相应的节点（如盈利或亏损幅度，以及要采取的相应行动），以便于后期对计划执行进行总结。

步骤三：严格执行计划。

这是计划能够发挥效果的关键。投资者不能因为盘中出现的某些异常信号（如感觉主力的刻意打压或拉升等），而延缓或放弃计划的执行。不要为自己放弃执行计划寻找任何理由或借口。

步骤四：复盘行动计划。

这是修正未来行动计划和检讨之前计划制订与执行的一个契机。投资者只有在该阶段才能对计划进行补充、修改和完善，同时也需要对自己在计划执行过程中出现的问题进行总结和分析。

五、做错必止损

相对而言，右侧交易的止损更为容易。毕竟当投资者入场抄底的同时，就可以看到一个非常清晰、明确的止损位，即最低点。一旦股价跌破该低点，就可以坚决地止损。

而左侧交易的止损就不容易了。毕竟从入场抄底开始，投资者就已经做好了被套的准备。但当股价运行趋势明显与自己的预判相反时，投资者还是需要进行止损操作，比如固定比例止损，即股价下跌超过某一比例即行止损；或以前期某一重要支撑位为止损位，即当股价跌破这些重要支撑位时立即止损。

第三章
趋势抄底战法

趋势抄底，即通过对股价运行趋势的研判，在股价形成趋势底部后买入股票的一种抄底方法。

第一节　趋势抄底法的基本原理

趋势抄底依据的基础理论为道氏理论中对上升趋势与下降趋势的基本判断。所谓的趋势抄底，本质上就是寻找股价下行趋势转为上行趋势的临界点。

关于趋势，查尔斯·道（Charles Dow）曾经给出过这样一个定义：

"只要平均指数的高点突破了距它最近的一个高点，而随后回调的低点位于前一个低点的上方，它就处于牛市期间；当最低点跌破前一个低点时，而随后反弹的高点位于前一个高点的下方，它就处于熊市期间。通常很难判断前进的过程是否已经结束，因为只有基本趋势发生变化时，价格运动才会随之出现。当然这种变化也可能只是一次毫不起眼的折返运动所引发的。"

一、上升趋势

按照查尔斯·道的理论，所谓的上升趋势，并不是说股价会一直上涨而没有下跌，而是其下跌的低点和上涨的高点逐渐抬升，从整体上呈现出明显的上升态势。因此，按照上升趋势的定义，可将上升趋势简化为如下一个简单的模式，如图3-1所示。

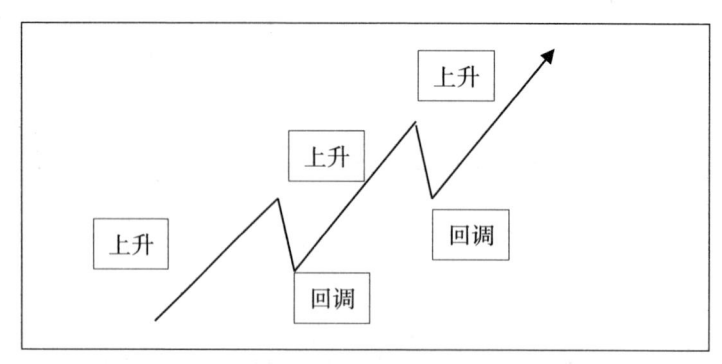

图3-1　上升趋势简化模式

从图3-1中可以看出，一个完整的上升趋势中，包含了若干次的上升与回调，且每次上升都会将股价推向更高的高点，而股价在回调时，一般不会跌破上一次回调的低点。

上升趋势存在这种基本结构，往往有其必然的原因。

第一，当股价出现一定幅度的上涨后，很多持股者为了兑现已经获得的利润，便会选择在此时卖出部分或全部股票。因此，股价的回调在股价上涨一段时间之后出现是不可避免的。

第二，股价自高点回调时，很多之前错过该股的投资者会在股价回调至一定点位后纷纷入场建仓，从而推动股价重新上涨。

第三，投资者的心理作用与股价运行趋势往往是相辅相成的。如果越来越多的投资者认可股价处于上升趋势，股价的上涨会更快速，回调则会更加短促，因为很多场外的投资者会因为担心抢不到廉价的筹码而迅速入场。

第四，由于投资者的心理作用和先前很多未成交买盘的存在，使得处于上升趋势中的股价在回调至某一重要支撑位时，往往更容易因受支撑而重新上升。

下面来看一下安泰集团的案例，如图3-2所示。

安泰集团的股价在2020年9月29日触及短期低点后开启了一波振荡上升走势。其后，该股股价每上升一段时间后就会出现回调，且股价回调的低点一个比一个高，同时，这些回调的低点大部分都在一根上升趋势线附近。由此可见，这些上升趋势线对股价具有较强的支撑作用。

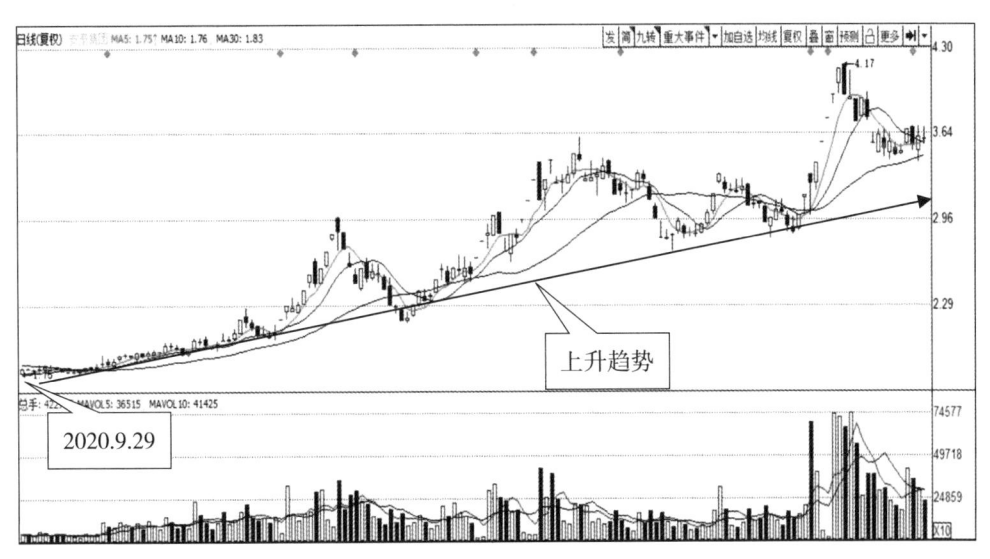

图3-2 安泰集团（600408）日K线走势图

二、下降趋势

与上升趋势相反，所谓的下降趋势，并不是说股价会一直下跌而没有上涨，而是其反弹的高点和下跌的低点逐渐降低，从整体上呈现出明显的下降态势。因此，按照下降趋势的定义，可将下降趋势简化为如下模式，如图3-3所示。

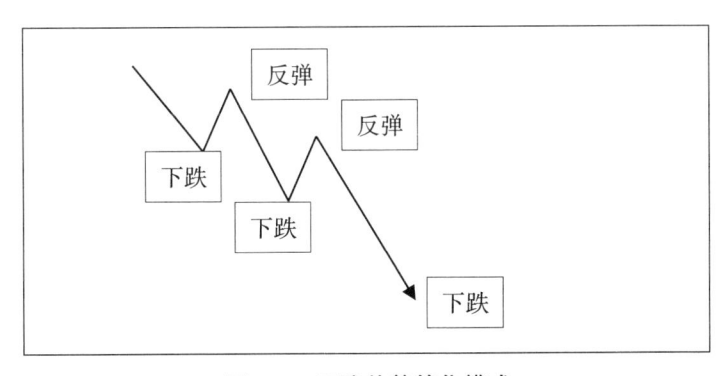

图3-3 下降趋势简化模式

从图3-3中可以看出，一个完整的下降趋势中，包含若干次下跌与反弹，其间每次下跌都会将股价推向更低的低点，且股价在反弹时一般不会突破上一次反弹的高点。

下降趋势存在这种基本结构，往往也有其必然的原因。

第一，当股价出现一定幅度的下跌后，很多持币者将当前价位看成理想的入场点（毕竟与下跌起始点位相比已经有了较大的跌幅），于是纷纷入场买入股票，这就促使股价出现反弹向上的走势。

第二，股价自低点反弹时，很多之前没有卖出该股的投资者会在股价反弹至一定点位后，立即抛出手中的筹码，从而推动股价重新下跌。

第三，投资者的心理作用与股价运行趋势往往是相辅相成的。如果越来越多的投资者认可股价处于下跌趋势，那么股价的下跌就会更快，反弹则会更加短促。因为很多场外的投资者会担心股价难以形成反弹或上升态势，而选择持币观望。其实这也是熊市持续的时间往往要长于牛市的原因所在。

第四，由于投资者的心理作用和先前很多套牢盘的存在，使得处于下跌趋势中的股价在反弹至某一重要阻力位时，往往更容易因受阻力而重新下跌。

下面来看常山药业的案例，如图3-4所示。

常山药业的股价在2022年1月14日触及短期高点后开启了一波振荡下跌走势。其后，该股股价每下跌一段时间后就会出现反弹，不过股价反弹的高点一个比一个低，同时，这些反弹的高点大部分都在一根下降趋势线附近。由此可见，这条下降趋势线对股价具有较强的阻力作用。

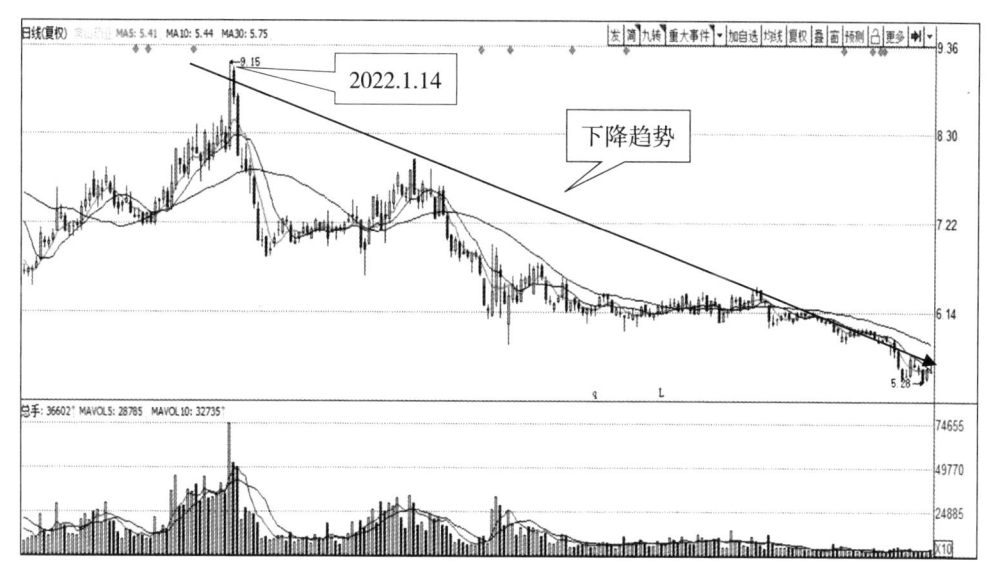

图3-4　常山药业（300255）日K线走势图

三、下降趋势的终结与上升趋势的形成

　　市场是由主力资金主导的，但这些主力资金也并不是可以毫无顾忌地拉升或打压股价，它们也需要结合当时的市场环境借势而动。

　　在下降趋势中，很多被套牢其中的投资者仍旧寄希望于股价可能会反弹，而不愿意卖出手中的筹码。特别是当股价持续走低时，这些投资者卖出的意愿越来越低；与此同时，场外的持币投资者看到股价下降趋势已经明显，也不愿意入场买入股票，这就造成了股票的成交量越来越清淡。

　　由于市场信心的恢复通常需要很长时间，因而股价K线在下降趋势的尾声总要振荡运行很长时间。一方面，主力资金希望尽可能多地获得廉价的筹码；另一方面，很多散户被套牢后，不愿意马上卖出股票，但若在底部持续横盘一段时间后，散户的耐心就会被消磨殆尽，于是当最后一批散户愿意将手中的筹码交出去的时候，也是主力即将开始运作新一波趋势的时候。当然，有时候在下降趋势的末尾，主力为了让散户快速放弃手中的筹码，会刻意制造股价向下突破的假象，即股价短期内快速下跌，很多散户会出于恐惧而纷纷卖出手中的筹码。也正因如此，在新的趋势开始前，K线由于在底部横向振荡时间较长，通常会呈现出比较典型的底部形态，如V形底、W形底、头肩底形态、三重底形态等。

由于长时间的筑底，很多投资者已经将当前的股价看成一个较为正常的价位。其后，当主力引导股价展开上升趋势时，很多散户将股价上升看成一个较佳的卖出机会，纷纷卖出手中的股票，这就造成了成交量较为明显的放大。其实这也是检验股价拉升成色的一个重要指标：当股价大幅拉升时，成交量快速放大，若主力仍能继续拉升，说明其已经做好了拉升股价的准备，未来股价很有可能会进入上升趋势；反之，若主力准备不充分或无意继续拉升，可能股价只是象征性地向上突起，而后伴随着成交量的放大而逐渐回落。

下面来看一下三七互娱的日K线走势情况，如图3-5所示。

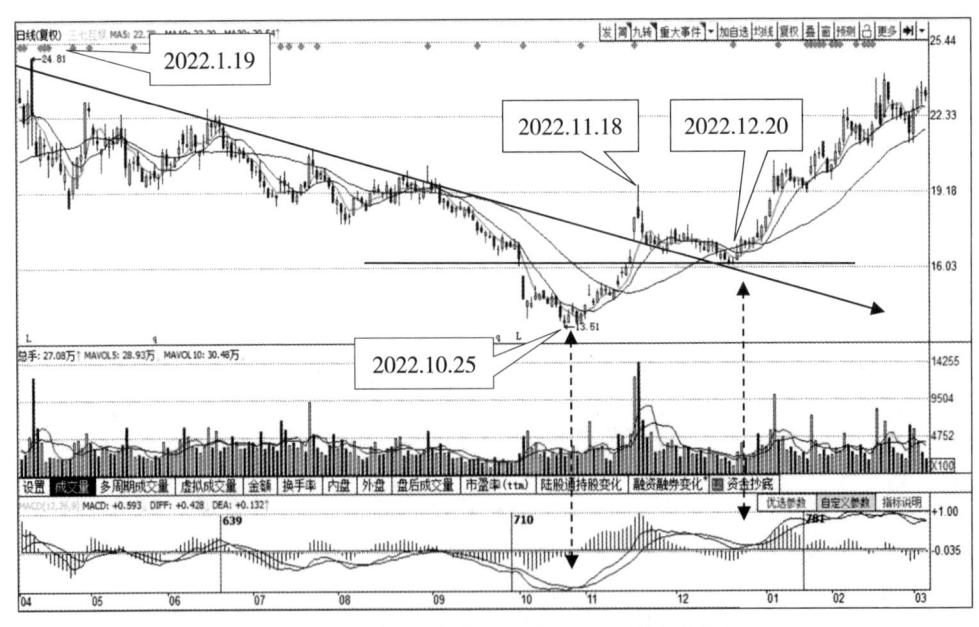

图3-5 三七互娱（002555）日K线走势图

从图3-5中可以看出，该股在前一波下降趋势结束之后，直接启动了反向上攻走势，并进入了上升趋势。

观察该股上升趋势启动，可以发现这样几个特征。

第一，启动前，即该股由下跌转为上攻的过程中，从K线形态上来看，该股的日K线可能会走出经典底部形态，三七互娱走出的就是V形底形态。当然，这还需要其他技术指标的印证。V形底形态是底部形态中最经典、也是最直接的一种方式，体现了主力资金不愿意在底部停留太长时间，因而直接采取快速向下打压的方式，逼散户交出手中的筹码。

第二，股价触底前，一直沿着下降趋势线振荡下行，几次反弹均因受下降趋势线的阻力而重新下跌。2022年11月中旬，该股股价成功向上突破下降趋势线，说明股价确实存在结束下行趋势的可能。此后，该股股价尽管出现了调整，也没有重新跌落至下降趋势线下方，这也是股价终结下行趋势的一个迹象。

第三，上升趋势启动后，随着股价的上升，成交量会呈现剧烈的放大。由于之前没有底部盘整，被套牢的筹码并未割肉出货，因此，当股价启动上攻时，必然会有人因为损失减少而选择出货。相对而言，V形底形态之后的股价上攻，成交量放大的程度会高于其他底部形态，这主要是因为股价在底部停留时间短，筹码并未进行充分的换手。

第四，上升趋势启动时，MACD指标可能会出现黄金交叉形态，且这一金叉的位置应该在0轴下方，这说明空方实力仍然很强，股价上升面临的阻力很大，入场的投资者必须做好相应的准备。

第五，该股短线上攻一段时间后，出现了回调走势，这与该股短线反弹幅度过大，获利盘需要兑现离场有关。此后，该股股价在振荡回调过程中，MACD指标却一直呈现振荡上升态势。到2022年12月20日，该股股价结束调整重新上升时，MACD指标正好在0轴附近形成了黄金交叉，这也是典型的看涨形态。

第六，从趋势理论上来看，2022年12月20日所形成的低点要高于10月

25日形成的低点，这也是股价开始进入上升趋势的明确信号。

通常情况下，上升趋势启动后会面临非常大的困难。由于前一波下降趋势行情结束之后未经过调整与整固，因而股价未来上攻的幅度可能有限，且之后还面临深度调整。这也是趋势抄底的难点所在。投资者稍有不慎，就容易将自己套在"半山腰"上。

四、下跌趋势的尾声：底部背离的形成

股价下行趋势的尾声，尽管主力会做出各种努力，以诱使投资者放弃手中的筹码，但在盘面上还是会出现一些异常的信号，以提醒投资者股价即将或已经到底了。在诸多信号中，背离是一种较为清晰的异动信号。

正常情况下，随着股价的振荡下跌，成交量与很多振荡指标也会随之走低。不过，当股价持续走低，而成交量或振荡指标不再走低时，也就意味着股价即将到达底部区域，未来股价存在反弹或趋势反转的可能。

底背离研判要点包括以下几个方面。

第一，量价底背离。即随着股价不断创出新的低点，而成交量不再随之萎缩，说明股价与成交量之间出现了底背离情况，未来股价存在反转或反弹的可能。

第二，股价与MACD指标底背离。即随着股价不断创出新的低点，而MACD指标不再随之振荡走低，说明股价与MACD指标之间出现了底背离情况，这也是股价即将反转或反弹的信号。

第三，底背离的形成，只能说明当前的下行趋势有终结的可能，但具体何时终结却并不确定。有时股价与成交量、MACD指标出现一次背离，股价就会反转，有时这种背离要出现两次甚至三次，股价才会反转。

下面来看一下华阳集团的案例，如图3-6所示。

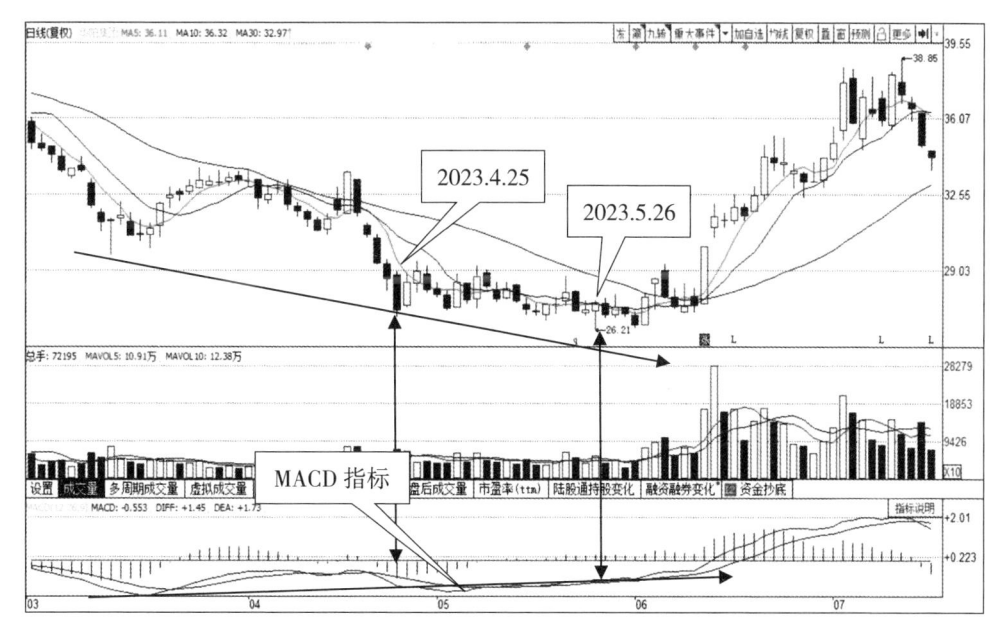

图3-6　华阳集团（002906）日K线走势图

自2022年8月中旬开始，华阳集团的股价进入了振荡下行趋势。该股股价反弹的高点逐渐走低，所创的低点也一个比一个低。

进入2023年4月后，该股股价仍旧没有止跌迹象，股价不断创出新低；而此时MACD指标却不再继续走低，而是反向开启了振荡走高态势。这说明此时股价与MACD指标之间存在明显的底背离情况，这是股价即将结束下行趋势的一个信号，投资者可密切观察该股其后的走势。

第二节　趋势底的基本判断方法

趋势底的形成过程，通常都需要一个相当漫长的过程，而在此期间，技术面、情绪面等都会呈现某些异常的信息。投资者若能抓住这些信息，就可能成功地捕捉到趋势底。

相对而言，当整个市场（即大盘）进入底部区域后投资者再进行抄底，成功的概率势必会增大许多。

关于整个市场是否进入底部区域，可从以下四个维度来研判，如图3-7所示。

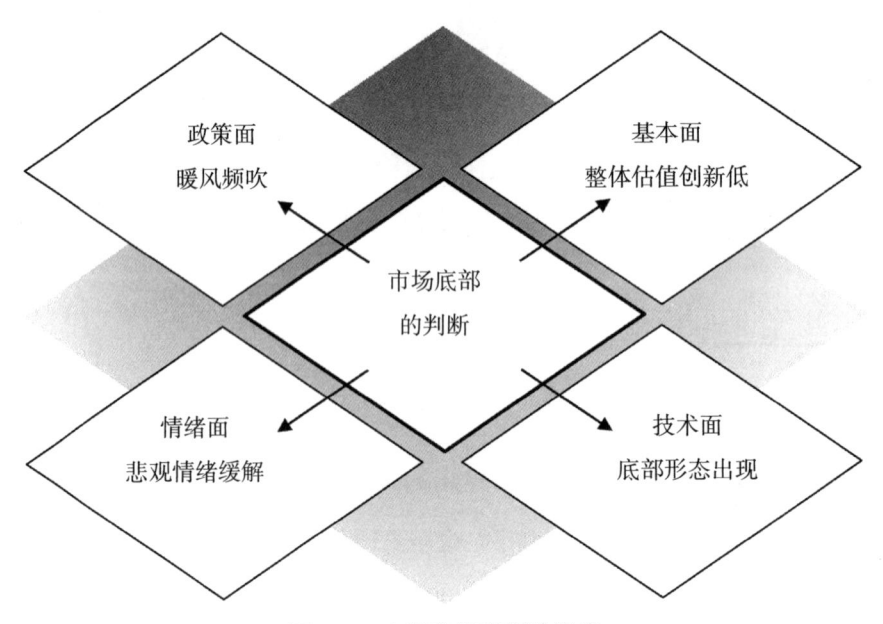

政策面
暖风频吹

基本面
整体估值创新低

市场底部
的判断

情绪面
悲观情绪缓解

技术面
底部形态出现

图3-7　市场底部判断的维度

一、政策面：看政策发力情况

尽管股市被称为经济的晴雨表，但不可否认，A股市场的走势受国家政策的影响还是非常大的。

为了保持金融市场的平稳发展，国家会针对股市中存在的一些异常情况进行调控。一般来说，包括但不限于以下几种情形。

第一，股市中存在的违规或违法情况。

第二，股市中存在的明显损害中小投资者利益的情况。

第三，股市中存在的明显过度投机行为。

第四，市场上弥漫过度悲观的预期，导致大盘持续走低，成交清淡。

正常情况下，国家是很少干预市场行为的。但是，当市场持续低迷，造成投资者信心丧失时，国家为了维护金融市场的稳定，就会出台一系列措施来刺激金融市场。也正因如此，很多人将国家相关政策出台与否，看成市场是否见底的一个信号。

下面来看一下A股大盘走势与国家相关政策出台时间的对照情况，如图3-8所示。

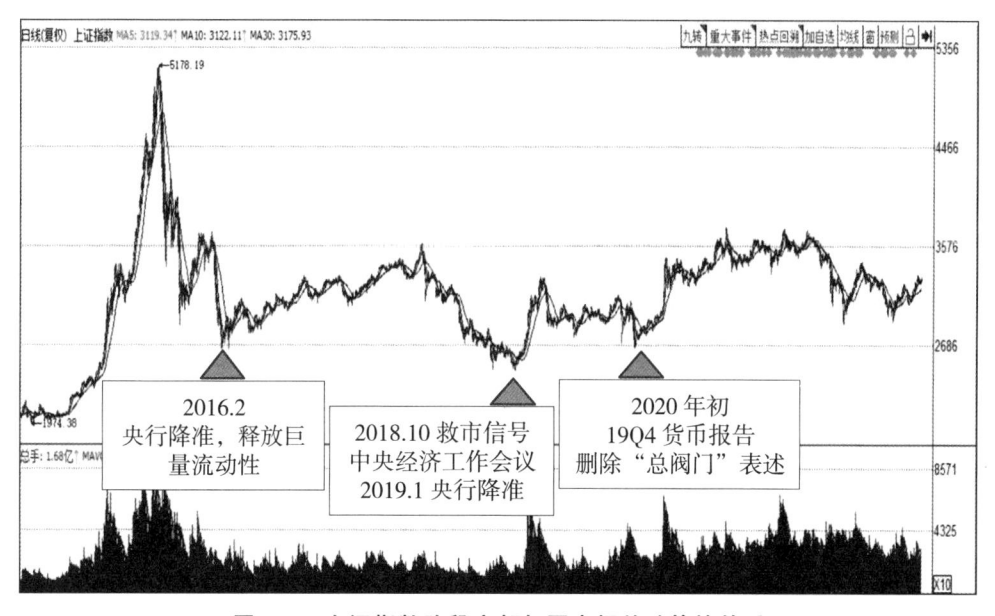

图3-8　上证指数阶段底部与国家相关政策的关系

从图3-8中可以看出，A股市场的走势与国家相关政策的发布确实存在非常紧密的关系。在2022年之前，市场几次触底都是在国家相关政策的推动下而反身出现上涨走势的。换句话说，投资者在抄底前想要了解当前市场是否处于底部区域，也可以从国家相关政策发布方面进行研判。一般来说，政府还在大力刺激市场，并不断释放流动性，就说明市场已经在接近底部区域了。

从A股市场的走势来看,这些政策推动而产生的底部区域,还可能只是接近市场的底部,而非真正的市场底部。以2018年年底到2019年年初的底部为例来看,如图3-9所示。

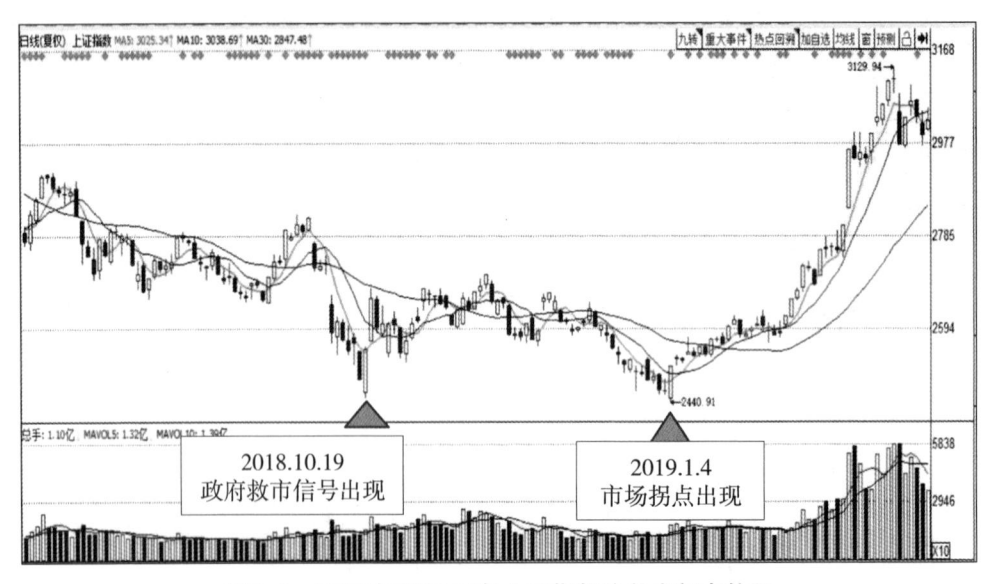

图3-9　2018年到2019年上证指数阶段底部走势图

从图3-9中可以看出,自2018年10月19日政府救市信号开始出现,整个大盘确实出现了一波反弹走势,但很快大盘又重新进入下行通道,并在2019年1月4日创出了一个新低。此后大盘指数才开始真正意义上的反攻。

在市场上,大家习惯于将类似2018年10月19日所形成的底部叫"政策底",而将2019年1月4日市场所形成的底部叫"市场底"。通常来说,"政策底"都会在"市场底"之前出现,也就是说,想要抄底的投资者可在"政策底"出现时,开始积极准备入场建仓,并在"市场底"到来时入场。

也就是说,当市场出现一波深度下跌后,若政策层面开始频频发力,则意味着市场底部应该就在不远处了。

二、基本面：看平均市盈率情况

从个股的角度来看，当股价与股票基本面严重背离时，往往就是股价运行方向即将发生转变的时刻。也就是说，当股价持续创出新低，与股票本身价值极不相符时，股价就会发动一波估值修复走势。若将视角放大到整个市场，我们自然无法准确地评估市场的指数点位与上市公司内在价值的偏离程度，却可以从上市公司平均的估值情况来分析和判断相对低点位置。

下面来看一下上证指数的历史估值走势情况，如图3-10所示。

图3-10　上证指数与估值走势图

从图3-10中可以看出，上证指数的走势与上证平均市盈率走势基本上是吻合的。也就是说，当上证平均市盈率达到历史低位时，往往也是上证指数达到或接近历史底部的时刻。

在图3-10中，整个市场市盈率最高的时刻出现在2007年10月（市盈率为69.64倍），也是上证指数历史最高点出现的时间；整个市场市盈率最低的时刻出现在2014年5月（市盈率为9.76倍），此时也是最近一些年以来上证指数最低点出现的时间。

也就是说，当上证市场的平均市盈率达到10倍左右时，往往就已经接近历史大底了。在2022年10月，上证平均市盈率到了12倍左右，相对而言，这也是一个较低的水平了。此后，上证指数出现了一波估值修复走势。

三、市场情绪面：从极度悲观走过

事实上，当股价处于振荡下行区间时，市场情绪面尽管比较悲观，但往往还会带有明显的乐观预期。也就是说，股价每下跌一段幅度后，总是会呈现出明显的反弹走势，如此往复。这样整个市场也不会太过于悲观。

不过，当市场即将进入趋势底部时，先知先觉的主力资金为了能够实现低位建仓的目标，往往会通过先小量吸筹再大幅砸盘的方法，逼迫散户交出带血的筹码。而在砸盘过程中，往往表现得非常凶残，让散户看不到一点希望，市场整体上弥漫着极度悲观的情绪。

下面来看一下昆明医药的案例，如图3-11所示。

图3-11　昆明医药（002826）日K线走势图

从图3-11中可以看出，自2022年3月底开始，昆明医药的股价转入了下行趋势。随着股价的持续走低，成交量也逐渐萎缩，同时在股价下行途中，还夹杂着若干阳线，给人一种股价随时可能反弹的感觉。

不过，4月25日的一根放量大阴线彻底浇灭了投资者的期望，本就非常悲观的情绪一下子陷入了极度悲观之中。很多散户不计成本地抛售手中的筹码。次日，该股股价再度低开低走，散户更加绝望。

其实，主力资金要的就是这种效果，拼命地打压股价，让散户放弃手中的筹码。到4月27日，该股股价触底后开始反弹。这就意味着主力的打压将会告一段落，此后该股股价结束下行趋势，进入了振荡上升区间。

四、技术面：超卖信号的发出

从某种意义上来说，技术面指标也是市场情绪的一种反映。正是市场情绪走向恐慌，才会使得一些技术指标发出异常的超卖信号。

当股价进入下跌的尾声时，也是主力庄家开始入场的时候。这些主力庄家为了能够拿到更加廉价的筹码，会加大向下打压的力度，造成散户的恐慌性出逃，此时各类技术指标会发出严重的超卖信号。

比较有代表性的技术指标信号包括但不限于以下几类。

第一，随着股价短时间内的大幅走低，股价跌破均线后一直运行于均线下方，且会大幅远离均线，使乖离率指标出现异常放大。当乖离率指标无法继续放大时，就是股价即将开始反弹的时候。

第二，以KDJ指标为代表的灵敏度较高的技术指标将会进入严重的超卖区间，甚至会达到极低值，比如KDJ指标会跌破0线。当然，很多时候一些股价的短线回调，也会促成KDJ指标进入超卖区域，但股价进入熊市尾声时，KDJ指标可能会长时间地处于超卖区间，很可能形成黏合形态。

下面来看一下江淮汽车日K线走势图，如图3-12所示。

自2021年12月初开始，江淮汽车的股价进入了振荡下跌行情。股价沿着中期均线振荡下行，且一直受中期均线压制，说明此时股价处于典型的下行趋势。到2022年4月下旬，该股股价下跌速度明显加快，而此时股价与均线距离越拉越大，KDJ指标进入超卖区域后，呈现典型的低位黏合状况，这说明股价已经进入底部区域，未来存在反弹甚至趋势反转的可能。

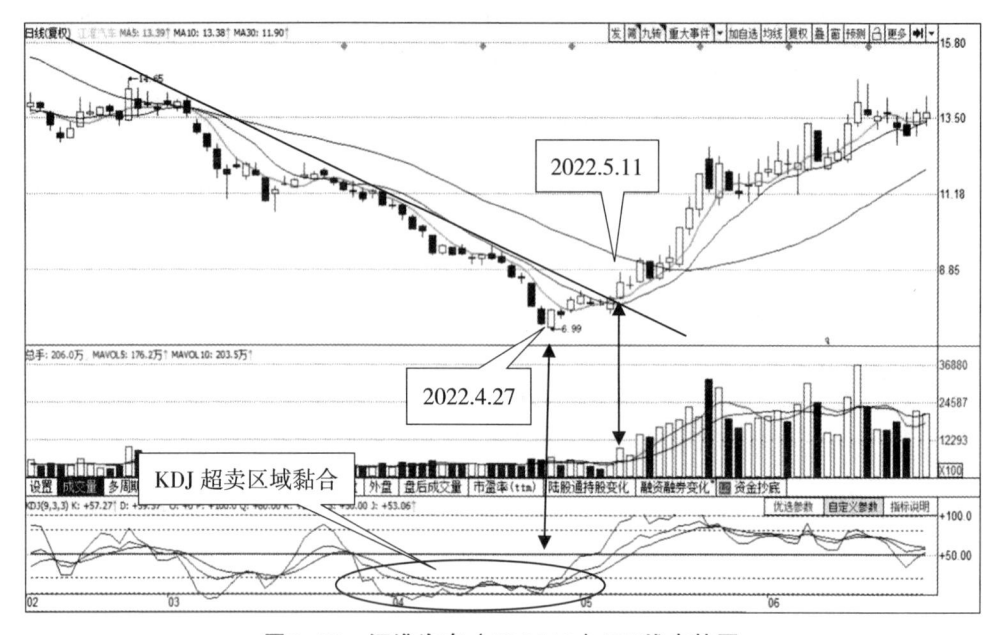

图3-12 江淮汽车（600418）日K线走势图

2022年5月11日，江淮汽车的股价向上放量突破下降趋势线，说明股价存在反弹甚至趋势反转的可能；与此同时，KDJ指标也同步向上返回了50线上方，这也是趋势转暖的信号。

第三节　趋势抄底法的实操技巧

趋势抄底，即在股价下降趋势终结时立即入场抄底的一种交易方法。从理论上来说，这种方法抄底若能成功执行，获利会相对较为丰厚，但风险也很大。毕竟趋势底部的判断并不容易，而且一旦判断错误，就可能将自己套在高位。因此，本节总结了几种成功率相对较高的趋势抄底技巧，以便于投资者参考使用。

一、趋势逆转双底形态

股价处于下行趋势中，仅凭一次股价反攻，很难预测趋势底部是否真的来临了。因此，只有股价下行的低点不再低于前一个低点时，才能大致判断出趋势底已经形成了。从这点上来看，一些特殊的双底结构确实可以帮助投资者预判趋势底部。

1. 双底结构基本形态

双底，又称W底，出现在一段下跌行情的末尾。该形态有两个明显的价格低谷，且两个低谷的最低点大致处于同一价位上，形状就像是一个英文字母W，如图3-13所示。

双底的形成经历了这样的过程：股价下跌到一定的价位水平后，由于股价太低，持股的投资者不愿割肉，而一些持币的投资者受到低价吸引而尝试买入，因而股价出现技术性反弹，形成了第一个低谷。但涨到一定幅度之后，短期获利的投资者及时将获利回吐，前期不愿割肉的投资者也趁机卖出，之后股价再次下跌，因而反弹并没有持续多长时间。再次下跌的股价回落到上次低点附近时获得支撑，重新开始上涨，吸引了越来越多的投资者跟进买入，股价冲破了前一次反弹的高点，形成了第二个低谷。

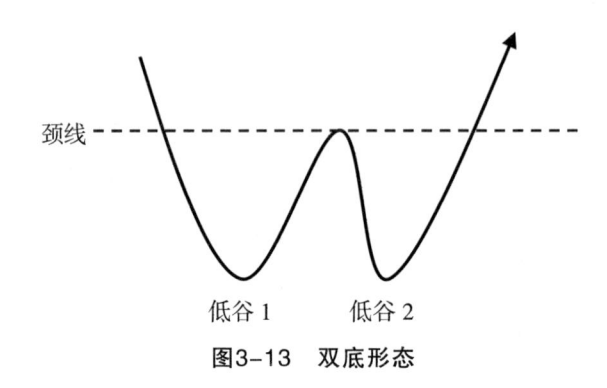

图3-13 双底形态

通过第一个反弹高点画一条水平直线，就得到了双底的颈线。股价突破该颈线才能视为双底形态正式构筑完成。

双底是一种转势形态，它的出现预示着跌势将告一段落，行情将走入上升通道。

第一，双底形态是较为可靠的看涨信号，投资者看到此形态后应考虑买入股票。

第二，双底第一个明确的买入时机出现在股价突破颈线位置时，表明双底基本形成，投资者可积极买入，同时将止损位设在颈线位置。

第三，股价在突破颈线的同时应该伴随着成交量的放大；如果成交量太小，则突破的效果会大打折扣，后市极有可能出现横盘振荡的走势。

第四，双底两个低点的相隔周期越长，说明在底部的换手越充分，后市上涨的可能性就越大。

第五，在双底形成的过程中，如果第二个低谷的成交量小于第一个低谷的成交量，第二个低点高于第一个低点，则看涨信号更为强烈。

第六，双底的最低点与颈线之间的垂直距离越大，通常表示股价未来上涨的幅度越大。

2. 借助双底结构判断趋势底

双底形态中的两个底（两个低点）实质上可以作为判断股价运行趋势反转的一个标准。也就是说，在双底形态中，若第二个底高于第一个，则可以间接地判断出此时股价运行趋势发生了反转，这也是判断下降趋势终结的一个指标。

当然，并不是所有的双底形态都可以作为趋势抄底的依据，只有符合以下标准的双底形态才可以。

第一，股价经过长时间的下跌后，明显已经达到了某种低位水平，比如已经大幅跌破先前的盘整区域、前期的某个低点、支撑点等。

第二，双底形态中，第二个底要高于第一个，这是研判下降趋势终结的核心指标。

第三，双底形态中，第二个底出现后，股价向上突破颈线位的同时，也应该明显脱离了先前的下降趋势。

下面来看一下威帝股份的案例，如图3-14所示。

图3-14　威帝股份（603023）日K线走势图

自2022年年初开始，威帝股份的股价一路呈现振荡下跌态势，到2023年4月，股价下跌明显有加速的迹象。4月25日，该股股价创下第一个阶段底部后，迅速出现了反弹走势。不过，此时投资者还无法判断股价运行趋势是否真正反转了。此后，该股股价出现了一波反弹，并向上突破了下降趋势线，这就说明该股股价存在趋势反转的可能，投资者可保持观望。

6月8日，该股股价经过一波反弹再回调后，走出了第二个底部，该底要明显高于4月25日的底，且该低点还位于下降趋势线的上方，说明下降趋势线事实上已经形成了对股价调整的支撑。此后，该股股价反向上攻，并在6月13日向上突破了双底颈线位，这是典型的买入信号，也可以作为趋势抄底的入场点。

二、趋势底部头肩底

与双底形态相似，头肩底也是一种能够描述股价由下行趋势转为上升趋势的K线形态。头肩底形态中，三个底部从一波比一波低的下行趋势转为不再创新低的底部（右肩）形态，本身就反映了股价运行趋势的转变。

1. 头肩底结构基本形态

头肩底出现在下跌行情中，由三个低谷组成，左右两个低谷相对较浅，基本处在同一水平位置上，中间一个低谷的低点明显低于左右两个低谷的低点，其形态就像一个倒立的人的头部和两肩，如图3-15所示。

头肩底形态是这样形成的：股价下跌到一定深度后开始反弹，当达到一定高度后出现回调，形成了"左肩"；接着再度下跌创出新低后回升，构筑了"头部"；之后又上涨到前一次反弹的高度附近再次回调，这次回调的低点高于头部的低点，形成了"右肩"。在两次反弹过程中，股价基本在同一价位受阻回落，这个价位上的直线就是颈线。

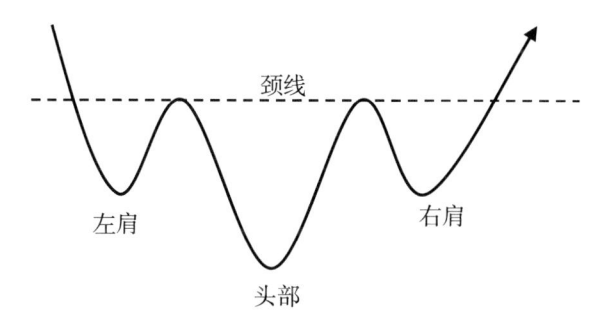

图3-15 头肩底

头肩底形态是一种较为强烈的反转形态，表示空方力量不断被消耗，多方重新焕发生机。

第一，头肩底形态是较为可靠的牛市信号，此形态出现之后常常会出现一波较为可观的上涨行情。因此，投资者看到头肩底形态后，应果断买入股票，持股待涨。

第二，当股价冲破了阻力线（颈线）位置，表示头肩底形态构筑完成，这是头肩底形态的第一个买入信号。此时投资者可以果断买入。在突破颈线时，必须要有成交量激增的配合，否则这可能是一个错误的突破。但是如果在突破后成交量逐渐增加，形态也可确认。

第三，股价完成向上突破后，原来的阻力位就变成了支撑位。所以，参照头肩底形态买入股票的投资者，应该将止损位设在头肩底的颈线位上。

第四，成交量是表示头肩底形态信号强弱的一个重要指标。如果在形成左肩和头部的过程中成交量极度萎缩，在冲破颈线形成右肩的过程中成交量却显著放大，说明看涨信号的可靠性更高。

第五，一般来说，头肩底形态较为平坦，需要较长的时间来完成。而形成头肩底所用的时间越长，后市上涨的空间就可能越大。

2. 借助头肩底结构判断趋势底

头肩底形态中的前两个底（两个低点）实质上可以看成下行趋势的延续，是无法预知未来股价运行趋势反转的，但第三个底的出现打破了原有趋势的惯性，标志着新的上升趋势形成。

依据头肩底形态进行趋势抄底时，需要注意以下几点。

第一，股价经过长时间的下跌后，已经明显达到某种低位水平，比如已经大幅跌破先前的盘整区域、前期的某个低点、支撑点等。若股价一直运行在某种横向振荡区间内，仍不能将其看成趋势的反转。

第二，头肩底形态中，第三个底要高于第二个，若能同时再高于第一个底更佳，这是研判下降趋势终结的核心指标。

第三，头肩底形态中，第三个底出现后，股价向上突破颈线位的同时，也应该明显脱离了先前的下降趋势。

下面来看一下巨一科技的案例，如图3-16所示。

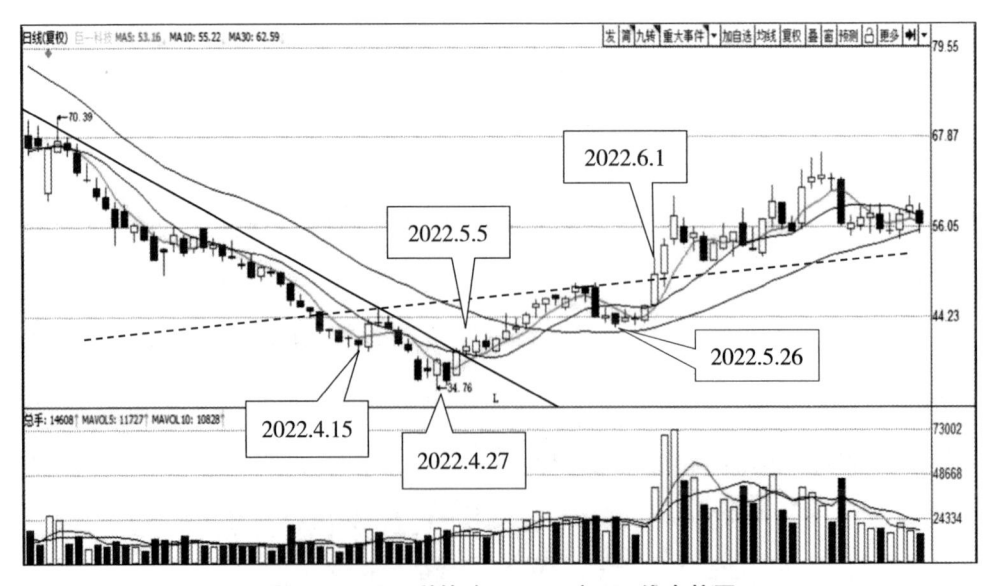

图3-16　巨一科技（688162）日K线走势图

自2021年年底开始，巨一科技的股价一路呈现振荡下跌态势，到2022年3月下旬，该股股价的下跌明显有加速迹象。4月15日，该股股价创下第一个阶段底部后，出现了小幅反弹走势。此后，该股股价继续走低，并于4月27日创出了一个阶段新低，给人一种下降趋势还在延续的感觉。

此后，该股股价出现反弹走势，并于5月5日向上突破了下降趋势线，这说明该股走势有变好的可能。之后该股股价反弹一段时间后重新开始回调，于5月26日形成了第三个低点，该低点要明显高于前两个。这说明该股有走出头肩底形态的可能，投资者可保持观望。

6月1日，该股股价经过一波上涨，向上突破头肩底的颈线位，这是头肩底形态正式成立的标志，与此同时，该股股价已经远远越过了第一个低点。这也意味着该股股价正式走出了下行趋势，进入振荡上升趋势。想要进行趋势抄底的投资者，可在此时介入该股。尽管此时该股股价相比于最低点已经上升了一定幅度，但还是一个相对安全的位置。

三、趋势线破位抄底法

趋势线破位抄底法，是指在股价向上突破下降趋势线时入场抄底的实战技法。相对于双底、头肩底等形态，该技法缺少缓冲的空间，成功率相对较低，风险相对较高。但在执行过程中，若能与其他技术指标相配合，还是可以在一定程度上提升抄底准确率的。

1. 下降趋势线的画法及交易含义

画下降趋势线时，需要掌握以下几个要领。

第一，下降趋势线是以两个反弹高点为关键点位所画的直线，因而，投资者所选择的第二个高点必须低于第一个。通常情况下，这两个反弹高点应该是股价两次反弹后重新下跌的转折点。

第二，两个反弹高点之间必须有一定的距离，不能是两个紧紧相邻的高点。

第三，通过两个下跌的高点连线所画的下降趋势线，必须经过第三个低点方可确认。

第四，画下降趋势线时，必须以K线实体为出发点，即阳线的收盘价或阴线的开盘价为基点。

下面来看一下美丽生态的日K线走势图，如图3-17所示。

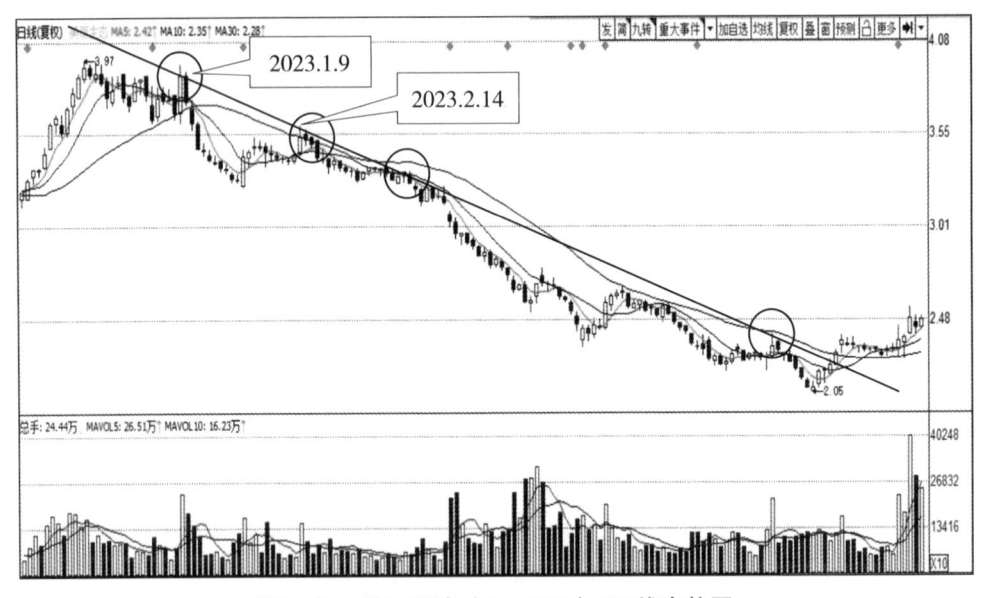

图3-17　美丽生态（000010）日K线走势图

美丽生态从2023年1月9日在冲击前高失败后，正式进入了下降通道。该股股价在下跌过程中形成了若干高点。

2023年2月14日，该股在经历了几个交易日的反弹后形成一个高点，随后股价再度连续收出小阴线，重新进入下降趋势。此时，投资者可以用这一高点与1月9日该股下行启动前形成的高点画出一条下降趋势线。其后，该股股价几次反弹至下降趋势线附近时，均因受趋势线阻力而重新下跌，说明此趋势线具有一定的阻力作用。

此后，该股一路沿着趋势线下跌，且股价在回调到趋势线附近时，均因受趋势线的阻力而重新下跌。

一条下降趋势线可以告诉投资者以下几点内容。

第一，股价处于下降趋势中，投资者最好空仓观望。如果股价波动范围较大，投资者可考虑轻仓超短线交易，并设置好止损位，且不可持仓时间过久，以免被套。

第二，股价沿趋势线下降的末端往往会有一段加速下跌行情，即股价反弹高点要远远低于下降趋势线预设的价位，此时投资者可保持观望，股价即将到底。

第三，股价沿趋势线下跌时，如果没有特别强大的外力作用，股价下跌将会非常容易，而且还会有加速的迹象。投资者必须学会耐心等待，不能见到股价偏离趋势线距离较远，便盲目进场交易，以博取短期收益，因为这可能仅仅是股价加速下跌的信号。

第四，股价沿趋势线下跌时，如果放量突破趋势线压制，则可以认定股价有改变运行趋势的可能。投资者宜密切关注股价动向，在合适的时机买入股票。

2. 下降趋势线破位抄底法

通常来说，当股价沿着下行趋势线振荡走低时，就会具备较大的下行惯性，其反向向上突破下降趋势线是比较困难的。因而，当其能够向上完成对下降趋势线的突破时，也就意味着股价运行趋势发生改变的概率较高。但为了控制风险，还需从以下几个标准入手来进行综合研判。

第一，股价向上突破下降趋势线时，成交量需要有明显的放大，这是股价形成突破的前提。

第二，股价完成对下降趋势线的突破前，若股价与成交量或MACD指标形成了背离形态，则可增强突破的有效性。

第三，MACD指标若能在股价形成突破前出现振荡上扬态势，而且在突破时同步在0轴附近形成黄金交叉，则可增强突破的有效性。

下面来看一下三星医疗的案例，如图3-18所示。

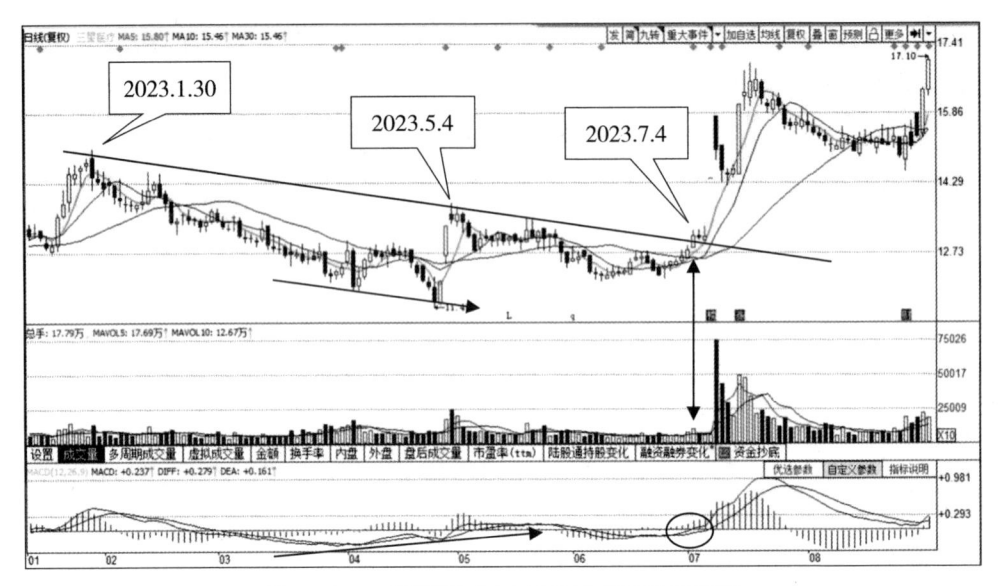

图3-18 三星医疗（601567）日K线走势图

三星医疗的股价自2023年1月30日创下短期高点后振荡下行。该股股价在下行过程中，明显为一根下降趋势线所压制，几次反弹至该趋势线附近时，均因该趋势线的阻力而重新下跌。

观察该股的走势可以发现，在2023年4月到5月初的一段时间里，随着股价的振荡走低，MACD指标并未随之走低，这说明股价与MACD指标存在明显的背离情况，也说明股价运行趋势反转就在不远处。

2023年7月4日，该股股价放量向上突破了下降趋势线；与此同时，MACD指标刚刚在0轴下方不远处形成黄金交叉后，向上突破了0轴，这也是股价向好的一个明确信号。

此后，该股股价正式进入振荡上升趋势。

第四章

基本面抄底战法

基本面，即股票基本面，包括财务状况、盈利状况、市场占有率、经营管理体制、人才构成等各方面指标。通常来说，上市公司的基本面越好，公司股票的价格就会越高，反之，则会走低。当然，股票的价格除了与基本面有关外，还受市场环境、市场情绪的影响，不过，基本面较佳的股票价格，即使受外部因素影响而短暂地走低，也会在未来市场环境稳定后，重新回归与其内在价值相匹配的水平。

正因如此，当股票价格远远低于其基本面所对应的价值或者称之为内在价值时，往往就是买入这类股票的最佳时机，这也是基本面抄底法的精髓所在。

第一节 基本面抄底法的基本原理

一、内在价值、价格与投资价值

投资者在进行价值投资前，需要搞清楚三个基本概念，即股票的内在价值、价格和投资价值。

1. 内在价值

股票的内在价值是价值投资理论的核心，也是进行价值投资的基础，包括资产、盈利等诸多要素。当然，测算内在价值的方法不同，内在价值所涉及的对象也会有所区别。总之，股票的内在价值就是一只股票本身所蕴含的价值。用通俗的话来说，就是一件商品最接近成本的价值。

由于计算方法不同、用途不同，每个人可能会得出不同的价格，但我们暂且以最原始、最接近本身的价值作为内在价值。比如，有一家上市公司叫买入必涨，它的股票简称为买入必涨。我们通过一系列计算，得出该公司的股票内在价值为10元（计算方法可能有很多种，后面会讲），那么，这个10元就是它的内在价值，也是我们进行投资分析的基准。

2. 价格

价格比较容易理解，在这里是指股票的市场交易价格。每只股票在全天的交易过程中会形成四个价格，即最高价、最低价、开盘价和收盘价。由于股票的交易价格是实时波动的，我们多选用某一交易日的收盘价来表示股票的价格。比如，前面所说的买入必涨的股价在2023年10月10日收盘于5.50元，那么，这个5.50元就是该公司股票的价格。

3. 投资价值

投资价值本身是指某一资产对具有明确投资目标的特定投资者所具有的价值。也就是说，这个投资价值是与投资者关联在一起的，只有在特定的投资者眼中，这些资产才可能具有投资价值。比如，市场上销售的茅台酒。对于喜欢喝酒的人来说，买一些茅台酒自己饮用，根本谈不上什么投资价值；但若是专业酒类投资者去买入一些茅台酒，这些茅台酒对他们而言就具有了投资价值。因为他们不是自己饮用，而是为了投资。

当然，并不是所有具有投资价值的商品都可以投资，就像茅台酒本身具有一定的投资价值，但若价格太高，也就没人愿意继续囤积了。回到前面所说的买入必涨公司的股票，投资者通过一系列的计算得出该股的内在价值为10元，而市场交易价格仅为5.50元，那么，投资者就获得了4.50元（10元-5.50元）的安全边际。这个安全边际是非常大的，也就是说，这家公司的股票是值得投资的。对于想要买入这家公司股票的投资者而言，该股的投资价值极大。反过来说，若该股当前的市场交易价格不是5.50元，而是15.50元，那么投资该股就没有任何的安全边际了，也就是说，该股的投资价值不大。

二、股价与价值背离

无论投资者基于何种价值买入或卖出股票，都会面临一种与之前预期相反的情况，即股价总是会与价值相背离。有时股价明明已经低于价值了，却仍在继续下跌；而有时股价已经明显高于价值了，却还在继续上涨。其实，这就是典型的股价与价值相背离。很多投资者面对这种情况时，最容易做出的选择，是抛弃之前所坚持的价值投资理论。原因是价值投资并没有让这些股票的价格向价值回归，而是远离了价值。其实，这也正是价值投资能够成功的关键：给它足够的时间，价格才会与价值相匹配。

从短期来看，股票的价格往往会受到这样几个因素影响，如图4-1所示。

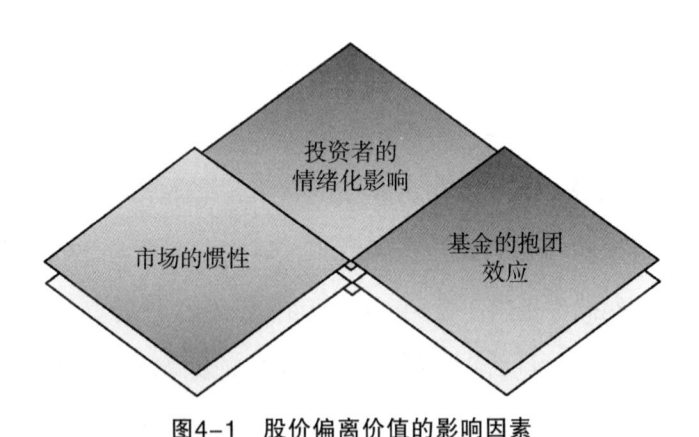

图4-1　股价偏离价值的影响因素

第一，投资者的情绪化影响。

市场上的投资者和资金都具有明显的情绪化倾向。尽管所有的价值投资理论一再强调，股票投资是一种基于未来的投资理论，然而，股票市场似乎只对眼下的状况给予及时的反应，同时，这种反应往往存在过度的倾向。比如，市场上的一则流言就可能让股市大幅下跌，而在股市大幅下跌时，投资者先考虑的往往是保本出逃，而不是股价是否偏离了价值。

特别是当股价连续下跌，跌破了很多投资者设置的止损位和心理防线后，恐慌情绪就会蔓延，以至于整个市场都充满了恐慌。于是，股价就会出现大幅低于内在价值的情形。当然，任何的恐慌终将过去，待市场从恐慌情绪中走出来的时候，往往也是股价开始修正的时候。其实这也是巴菲特常说的"在别人恐惧时我贪婪"的时刻。事实证明，当股价大幅低于内在价值，也就是股价与价值出现大幅背离时，往往都是价值投资者入场的最佳时机。作为价值投资者，不应该在这一时刻质疑价值投资理论是否正确，而应该积极入手质地优良的便宜股。

第二，市场的惯性。

本章提及的股票投资理念与方法更多是关于价值投资方面的，然而，市场上还有很多投资者使用趋势交易方法或短线投机策略。按照技术层面的理论，当个股股价出现下跌时，往往就是离场的信号。因此，当股价的下跌趋势形成后，往往会有更多的资金不断加入杀跌的行列；反之，当股价上涨时，也同样会有资金不断地入场。正因如此，股价的运行总是会产生某些惯性，即股价进入趋势后，继续下跌总是相对容易的；反之亦然。即使这些股票的价格已经与价值出现了背离，也会如此。

第三，基金的抱团效应。

市场上的超级绩优股永远是稀缺品，因而，这些超级绩优股往往都有很多基金和投资机构驻守。正常情况下，这些绩优股的股价稍有回调，基金公司和机构就会迅速补仓，使得其股价开始重新上升。正因如此，这些股票的股价在非典型熊市的市场中，总会表现得特别抗跌，即股价总是会呈现振荡上升状态。即使股价与内在价值出现了一定的背离，这些基金也不愿意离场。其实原因也非常简单，市场上这些超级绩优股并不多见。不过，当市场转入熊市，特别是熊市进入一段时间后，继续抬升股价变得越来越困难了，这些基金就会争相出货，导致股价在短期内出现大幅跳水的走势。

三、股价异动与回归

正常情况下，股价会围绕内在价值进行波动，无论股价上攻或下跌，其与内在价值之间的距离会控制在一定的水平之内。而当股价向下波动远远低于其内在价值时，往往就是基本面抄底入场的良机，如图4-2所示。

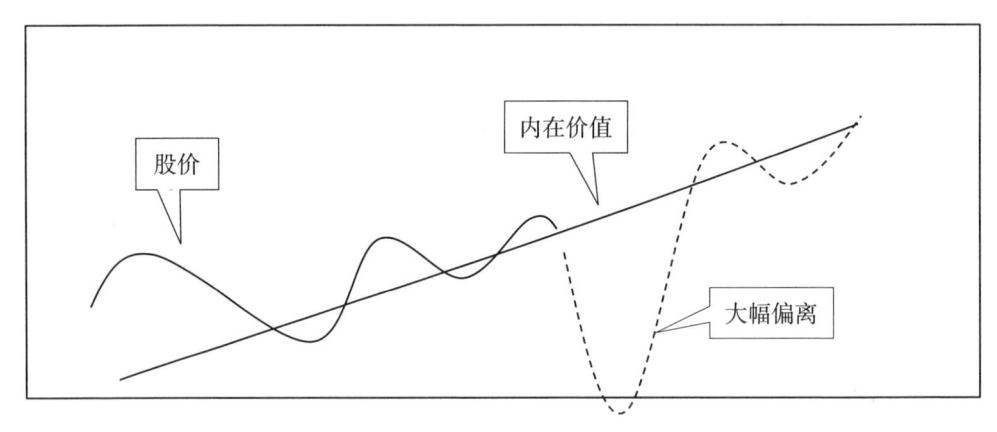

图4-2　股价与内在价值运行示意图

图4-2为股价与股票内在价值关系图。从图中可以看出，在大部分时间内，股价都是围绕股票内在价值进行波动的。但是若股价因外部环境出现异动，甚至出现大幅低于内在价值的情况，未来也可能重新反弹回来。

下面来看一下上证指数的走势情况，如图4-3所示。

上证指数在2022年下半年的9月到10月期间出现了一波快速下跌走势，指数在短时间内出现了大幅下挫走势。由于大盘指数对个股具有很强的影响力，因此很多股票也随之出现了暴跌走势，特别是一些超级绩优股，也随之出现了大幅走低态势，如图4-4所示。

图4-3　上证指数日K线走势图

图4-4　贵州茅台（600519）日K线走势图

对比图4-3与图4-4可以看出，2022年10月期间，尽管大盘已经开始下行，但贵州茅台整体呈现了横盘态势，这也是绩优股与其他股票显著的不同，即能够在下跌初期保持稳定。

10月10日之后，在大盘加速下跌的带动下，贵州茅台也出现了大幅走低行情。到10月31日，该股股价创下了最近两年来的最低点。由于贵州茅台不仅属于超级绩优股，每年拥有丰厚的收益，而且还保持了较高的成长性，这使得该股股价一直呈现振荡上扬态势。此时的下跌，对于很多喜欢依据基本面抄底的投资者来说，无异于天赐良机。

第二节　股价基本面的计量

股价与基本面的严重背离，是抄底实施的前提条件。但在实际操作过程中，对股票基本面的评估或者内在价值的计量又是十分困难的。正因如此，很多投资研究大家提出了与内在价值有关的计量指标或方法。

一、每股收益及收益增长率

每股收益，即每股盈利（EPS），又称每股税收利润，指企业税后总利润与股本总数的比率，是测定股票投资价值的重要指标之一。每股收益，用通俗的话来讲，就是你买入一股股票，在某一财务周期内能够获得收益的情况。通常来说，每股收益越高的股票，股价肯定也会越高。这就相当于你要投资一家企业，这家企业的挣钱能力越强，你所要花费的成本就会越高。

在实战中，每股收益更多地用于与其他指标结合在一起分析股票的价值。

1. 每股收益比较

不同行业或企业之间比较每股收益是没有意义的。不过，企业自身的历年每股收益对比还是能够反映一些问题的。通常情况下，一只成长性较佳的股票，其每股收益自然会呈上升态势，而且其增长的比例应该在10%以上，若能每年递增30%以上更佳。当然，这里是能够在相对较长时间内保持的增速，而非某一年度爆发式增长，而后又归于沉寂式的增长。

2. 每股收益增长率变动

每股收益增长率是由每股收益演化而来的，其在衡量个股成长性方面的用途也更为广泛，它反映了每一股公司股权可分得利益的增长情况。通常情况下，成长股的每股收益增长率越高、越能持续，就说明该股的成长性越好。

每股收益增长率的计算如下：

每股收益增长率=（当期每股收益−上期每股收益）/上期每股收益

通常情况下，只有一只股票的每股收益增长率达到或超过15%，且能够保持五年以上，才能被称为成长股。当然，出现个别特殊情况，某一年度的每股收益低于15%，但只要平均增速超过15%，也不影响对成长股的认定。不过，行业不同，每股收益增长率也会有所不同。例如，一些刚刚上市的、股本量较小的企业，每股收益增长率可能会远远超过15%；而一些上市时间较久，且股本量较大的企业，每股收益增长率相对就会减缓。投资者在实战选股时，要适当地进行权变。个别创业板股票的每股收益增长率甚至能够连续几年超过100%。

投资者需要了解自己所关注行业的年均每股收益增长率，然后将目标标的的每股收益增长率放到整个行业中去比较。若是目标股票是一只上市年限较短、股本较小的股票，那么，它的每股收益增长率至少要排进行业前3名才行；若是上市年限较长、股本较大的股票，它的每股收益增长率排名可以适当低一点，但仍要位于行业前20名。

二、市盈率法

市盈率法是目前评估股票价格高低的重要指标，也是使用最为广泛的指标。相比于其他计量指标，市盈率指标更为简单、直接，应用更为简便。

1. 市盈率计算

市盈率的具体计算方法如下。

其基本计算公式为：

市盈率=股价/每股收益

在具体计算市盈率时，股价通常以最新股票报价为准，而每股收益则以上一年度的每股收益为计算依据。也就是说，随着股价的波动，市盈率也会随之不断地变动。当然，投资者也可以用下面这个公式来替代。

市盈率=企业市值/年度净利润

从本质上来说，上述两个公式是一样的，都反映了股价与盈利之间的关系。市盈率估值法是一种以企业盈利与市场价值之间比率的方法，属于企业价值倍数估值法中的一种。

从市盈率公式中可以看出，该方法的分母位置为每股盈利，也就是投资者拥有股权后所能带来的收益，分子位置为投资者为了获得股权所需支付的价格。其计算结果所反映的，是投资者为了获得1块钱（一般为一年）的盈利，所需支出的价格。从另一方面理解，就是以当前价格买入该股股票，需要多少年能够挣回本金（收益总额与买入价格持平）。

事实上，我们并不需要自己计算市盈率，在使用股票交易软件时，交易系统会提供各只股票的市盈率数据。

2. 市盈率的交易含义

通常情况下，投资者喜欢按照市盈率倍数的高低，简单地分析股票价格是否存在高估的情况，其具体标准如下。

第一，市盈率＜0，表示企业盈利为负数，此时的市盈率指标不具有分析意义。当然，我们也不能仅仅根据某一年度该企业的盈利值为负数，就断定该企业为垃圾企业。

第二，市盈率在0～13之间，表示该企业的股票价格可能存在一定的低估，投资者宜优先选择这类股票进行投资。

第三，市盈率在14～20之间，表示该企业的股票价格处于正常波动区间，既没有低估，也没有高估。

第四，市盈率在21～30之间，表示该企业的股票价格处于小幅高估区间，在牛市时属于正常情况，在熊市时则需尽量避开。

第五，市盈率高于30倍，表示该企业的股票存在明显的高估。但在一些科技创新行业，仍是可以接受的水平。这类企业的营收增长率或净利润增长率可能会远远高于30%，后面在PEG估值法中还会细讲。

第六，市盈率超过100倍，这属于典型的投机价格水平，没有任何投资价值。个别绩优企业在某一年度因特殊原因造成盈利锐减，市盈率高企的情况，则需另当别论。

一般情况下，通过对比，投资者可以获得如下几项参考信息。

第一，个体估值水平。通过将个股的市盈率与市场平均市盈率对比，可以看出个股估值在整个市场中的位置。

第二，个体绝对估值水平。尽管市盈率属于相对估值法，只有与合适的参照标的对比才能看出其估值高低，但有时通过与股价的对比，也能看出其绝对的估值水平。比如，有些科技类股票，其股价高达几十元，且市盈率高达几百倍，那么单纯从市盈率角度来看，肯定存在估值过高的问题；反之，银行行业的市盈率估值则要低很多。

第三，反映市场资金的偏好。通常情况下，每个行业整体市盈率情况与市场资金的推动密不可分。比如，很多被资金热炒的行业板块或概念板块，普遍存在市盈率较高的情况。

第四，最新的市盈率应该来自于最新的每股收益。通常情况下，我们所获得的市盈率数据都是按照当前的股价比上一年度每股净收益而获得的。事实上，企业每个季度结束后都会发布最新的季度财报，投资者可及时使用最新的每股收益数据替换之前的数据。当然，这并不是按照前面动态市盈率的算法，预测本年度的每股收益，而是将最新的季度数据加上上一年度的季度数据（比如两个季度或三个季度），构成连续四个季度的数据。比如，最新的半年报出来后，投资者可用本年度上半年的每股收益数据，加上上一年度下半年的每股收益数据（需要用全年每股收益数据减掉上半年的每股收益数据），合成最新的年度每股收益数据。

三、PEG法

市盈率相对盈利增长率（PEG），是通过上市公司的市盈率除以盈利增长率而获得的数值。该指标最先由英国投资大师吉姆·斯莱特（Jim Slater）提出，后来由美国投资大师彼得·林奇（Peter Lynch）发扬光大。

1. PEG的计算

其计算公式如下：

市盈率相对盈利增长率（PEG）=市盈率/净利润增长率

吉姆·斯莱特将1看成PEG指标的重要临界值。当投资标的的PEG小于1时，才有投资的价值，若能小于0.5更佳。彼得·林奇也曾经指出，最理想的投资对象，其PEG值应该低于0.5。PEG在0.4~1之间是安全范围。PEG大于1时，就要考虑该股有被高估的可能。相比于单纯的市盈率数值，PEG指标更具有可操作性。在具体的实战操作过程中，投资者需要关注三个重要的节点。

第一，历史的PEG值。

投资者可对目标标的以往三年的PEG值进行计算，获得一个历史数据，并为判断当前PEG值所处的位置提供依据。

第二，计算当前的PEG值。

当前PEG值是用来研判目标标的处于当前价位时是否具有投资价值的。一旦发现目标标的的PEG值小于1，小于0.5更好，则可考虑执行买入操作。

第三，预测未来的PEG值。

预测未来的市盈率和净利润增长率并不容易，投资者可借助其他投资研究机构给出的数值，也可根据企业以往的财务数据进行估算。当然，估算的数值并不要求十分精确。然后投资者根据估算的数值计算未来的PEG值。

2. PEG估值法的操作要点

投资者在使用PEG法对股票估值时，需要注意这样几个要点。

第一，从某种意义上来说，PEG法与市盈率法、市销率法在评价股票价格高低方面还是有着明显区别的。当PEG值小于1，甚至小于0.5时，股价往往存在一定的低估倾向，这就是一个比较理想的投资切入点。行业不同，PEG值可能也会有所不同，但企业若能保持较快的增长，投资者自然可以接受较高的市盈率，这在投资领域是一个不变的规律。

第二，为高成长性的股票赋予更高的估值，是PEG估值法的核心精髓。投资者若能在市场上找到成长性很高，但市盈率又很低的股票，就是发现了最佳的投资标的。

第三，这里所说的高成长性是基于未来的，而非现在或过去的。尽管在测算股票价格时，经常会使用当前的净收益增长率，但我们应该清楚，我们需要的是未来。投资者在估值时，需要大致预测自己的候选投资标的未来三年的净利润增长率。当然，若投资者预测未来的增速有困难，还可以选择过去几年的平均增长率作为预测的增长率。然后通过预测的未来增长率，反过来求得目标股价，进而判断当前股价存在高估还是低估。

第四，剔除一次性的较大幅度的收益波动。在PEG法中，净收益增长率是一个非常关键的指标，甚至可以说是一个具有决定性作用的指标。因此，当企业的净利润增长率出现异常波动时，一定要了解波动产生的原因。特别是这种波动是否具有持续性，是否预示着企业业绩出现了拐点。

四、市净率

市净率指的是每股股价与每股净资产的比率。市净率可用于股票投资分析，一般来说市净率较低的股票，投资价值较高；反之，则投资价值较低。但在判断投资价值时，还要考虑当时的市场环境以及公司经营情况、盈利能力等因素。

其计算公式如下：

市净率=每股股价/每股净资产

通常情况下，市净率为1是一个比较重要的临界点。

市净率小于1，说明股票的股价低于每股净资产。换句话说，如果这家公司按照净资产值出售，那么你按照股价买入该股肯定会盈利的。不过，一只股票的市净率低于1，说明该股的盈利能力存在不足，并未获得市场的认可，这类股票可能在相当长的时间内涨幅都十分有限。当然，若是暴涨行情来临时，这类股票的价格也会跟着水涨船高的。

市净率大于1，则说明相对股票所对应的净资产，当时的股价存在一定的溢价情况。不过，市场上大多数投资者愿意以高于净资产的价格买入股票，也说明市场对其价值的认可。

第三节 基本面抄底法的实操程序

相对于其他技术层面的抄底法，基本面抄底法更多的还是依赖投资者对个股基本面数据的掌握、分析与预测。通常来说，基本面抄底法的实操程序大致包括如下几个环节，如图4-5所示。

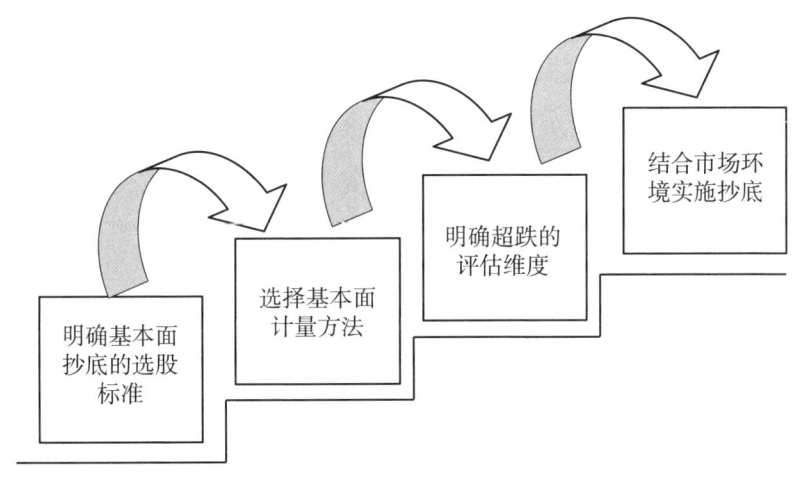

图4-5 基本面抄底实操程序

一、明确基本面抄底的选股标准

基本面抄底，本质上是寻找那些股价跌幅严重偏离基本面的股票，并不是简单地寻找跌幅较大的股票。很多股票因为基本面变化或炒作资金撤离，也可能会出现大幅下跌，但这类股票可能基本面本身就不佳，股价未来也是难以回归的；或者说在相当长的时间内，很难回归到以前的股价水平，这类股票就不是理想的基本面抄底标的。

1. 适用基本面抄底法的股票

该类型股票应具有如下几个特点。

第一，该类股票的财务状况优秀，属于典型的绩优股或白马股。这类股票的业绩具有很好的持续性和发展性，在可以预见的未来，该类企业的业绩仍能保持较快的发展。当然，行业不同，竞争环境不同，增长速度可以有所不同。比如，在一些消费行业细分板块中，很多龙头企业已经占据了绝对优势的垄断地位，市场占有率较高，未来上升的空间相对较小，但其盈利能力仍是毋庸置疑的，如贵州茅台、伊利股份等。

第二，属于行业内或板块内的龙头企业。这类企业在所属行业或板块内属于数一数二的企业，可以确保这类企业能够分享整个行业发展的红利。

第三，这类股票所属的行业最好为朝阳产业，至少不能属于夕阳产业。行业的发展潜力，直接决定了企业的发展空间。越是朝阳产业，越容易诞生业绩卓越的企业。

2. 明显不适用基本面抄底法的股票

该类型股票具有如下几个特点。

第一，垃圾股、ST股票。这类股票业绩不佳，而且可能随时都有退市的风险。它们的股价即使出现大幅下跌走势，也可能被看作是股价与内在价值存在背离，因此很难产生修复行情，也就失去了抄底的根据。

第二，盈利模式、投资逻辑发生变化的企业股票。很多企业股价的大幅下挫，都是因其盈利模式或者投资逻辑变化而引发的。比如，该公司核心产品的盈利能力下滑或替代者开始进入市场等。这类变化对企业业绩的冲击是持久的，可能会对企业的整个估值产生较大的影响，因而，这类企业也不适合进行基本面抄底法。

第三，业绩为负，或者市盈率超高的企业。这类企业的股票即使经过了大幅暴跌，股价仍可能高于其内在价值，因而也不能列为备选标的。

二、选择基本面计量方法

前文简单地介绍了几种基本面的计量或者说评估方法。当然，这只是所有评估方法中的一小部分，投资者可根据个人需求去寻找和学习新的评估方法。这里要强调的是，股票不同，所适用的评估方法也不尽相同。

选择基本面评估方法时，应该符合这样几个标准。

第一，根据股票从属行业选择评估方法。不同行业，所选的评估方法也不同。有些科技行业企业发展较为迅速，盈利能力暂时可能还不够强，但发展速度较快，因而PEG估值法是较为理想的选择，市净率等衡量企业实际资产价值的评估方法明显不适用。

第二，根据企业或行业发展阶段选择评估方法。通常来说，当企业处于生命周期中的快速发展期，无论是盈利能力还是营收，都会呈现较快的增长，此时适合采用PEG估值的方法。而到了生命周期中的成熟期，则一般需要选择市盈率，甚至市净率等估值方法。

三、明确超跌的评估维度

无论选择何种估值方法，投资者都需要确定一个大致的超跌的评估维度，以便于入场抄底。通常来说，超跌标准可以从以下几个维度来明确。如图4-6所示。

第一，单纯地看各个评估数值高低其实意义并不大。行业不同，企业所处的发展周期不同，甚至市场环境不同，企业的市盈率高低都会有所不同。一些高速成长的个股，市盈率普遍较高，钢铁、煤炭等传统行业的市盈率普遍较低，但不能据此认为这些传统行业超跌了会反弹，关键还要区分行业与发展阶段。

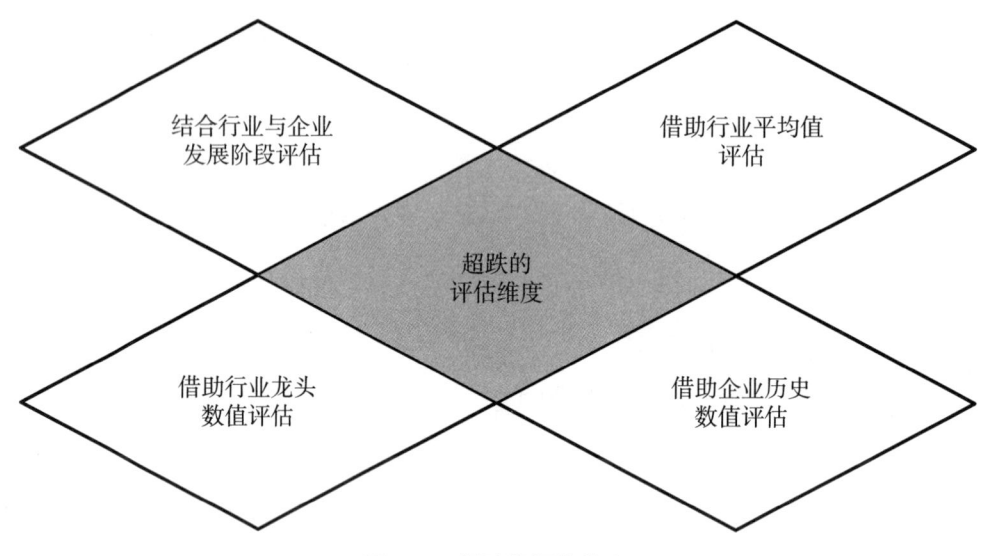

图4-6 超跌的评估维度

第二，行业平均值是一个非常重要的标尺。比如，一个传统行业的行业平均市净率为2倍左右，当该行业内某只龙头股因某些特殊原因股价大幅走低，市净率低于1倍，甚至低于0.8倍时，就可以认定这只股票存在超跌情况了，有反弹的可能。

一个快速发展的行业，如果行业的平均市盈率为20倍，而候选标的企业的市盈率不到10倍，且该企业的竞争能力较强，则可以认为该企业具有较为明显的估值优势。

第三，个股的历史估值数据也是一把不错的标尺。以市盈率为例，通过了解个股历史上最低点的市盈率水平，可以知道这只个股在何种市盈率水平会止跌企稳或反向下行。当然，历史低点或高点的形成可能由多种原因促成，投资者还需深入研究，不能单凭一个信号就买入或卖出个股。

第四，通过对行业内核心对照标的或相关对照标的的估值数据进行对照，来研判目标个股股价水平的高低。比如，投资者想要投资家电领域的股票，就可以将家电行业内的几只龙头股的市盈率进行汇总，假如行业平均市盈率在20倍左右，而目标股票的市盈率长期维持在22倍左右，某一时间段内，因个股遭遇了利空消息的影响致使股价大幅走低，市盈率降至10倍左右，那么，此时往往就可以成为抄底股票的良机。

四、结合市场环境实施抄底

在具体执行抄底时，也是需要讲究一些策略的。尽管当时股价已经出现了明显的偏离内在价值的情况，但为了实现投资收益最大化，并控制投资风险，还是需要讲究策略的。其具体策略如图4-7所示。

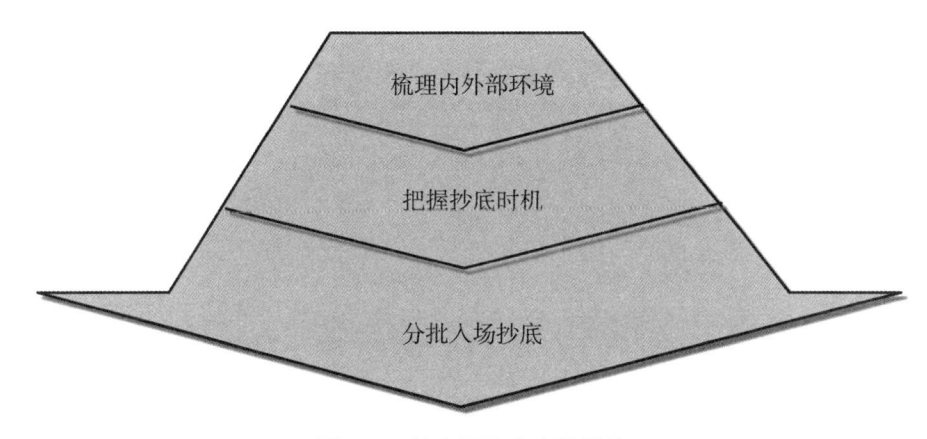

图4-7　基本面抄底实施策略

1. 梳理内外部环境

即使是依据股价与个股内在价值偏离而入场抄底的，也需要考虑内外部的环境。逆潮流而动并非明智之举。毕竟当个股或大盘出现强势下行趋势，股价会有很强的下行惯性，此时无论如何也不应该入场。只有股价开始企稳时，才能考虑入场。

第一，当大盘处于下跌趋势中，且跌势较猛，没有任何企稳迹象时，不宜入场。此时很可能属于下跌的尾声，一些绩优股往往在此阶段会有一波幅度较大的补跌行情。其实，很多绩优股就是在此阶段出现与内在价值偏离的。总之，外围环境不佳时，不应该贸然入场抄底。

第二，因行业原因或个股某些利空因素的影响，股价出现大幅下挫，且没有出现止跌迹象时，原则上也不要入场。即使股价远远偏离内在价值，也要等到股价开始企稳时才能小幅入场。

2. 把握抄底时机

通常来说，基本面较佳的股票，也就是我们常说的绩优股或白马股，股价往往都比较高，在绝大多数时间内，股价都会远远高于其内在价值。因此，下面几个可以抄底的良机一定要把握住。

第一，熊市末期。大盘经过一波漫长的下跌之后，市场上的投资者已经失去了信心，很多绩优股也随之出现了大幅补跌行情。这就是投资者需要做好入场准备的时机，一旦股价企稳反弹，可考虑入场建仓。

第二，个股遭遇"黑天鹅"事件，股价出现了大幅下跌。当然，这些利空事件对个股的影响应该是暂时的，而非长远的，否则就可能涉及个股盈利模式、投资逻辑的修正了，那股价可能真的就无法回归以前的水平了。

3. 分批入场抄底

既然是抄底，就存在失败的可能，因此，一次性全仓杀入肯定并非明智之选。通过将准备介入一只股票的资金拆分成三到五份，然后分批入场，就是不错的选择。

不过，基本面抄底与其他抄底法还存在一定的区别。从理论上来说，只要之前的计算不出现问题，那么股价越向下跌，投资者就越可以加大抄底的力度。其实，股神巴菲特就常常使用这种方法来投资。当然，这种方法使用的前提有两个：其一，对个股基本面的评估准确，对其内在价值有清晰而准确的认知；其二，能够忍受长期持股，直至股价回归正常水平。很多时候，股价出现非理性下跌后，也并不会立即反弹回归，而是需要经过一段漫长的时间。因此，只有能够长期持股的投资者，才有可能成为"最终的胜者"。

下面来看一下美的集团的案例。美的集团作为白色家电行业的龙头企业，在A股市场上股价一直比较坚挺，属于典型的超级绩优股。不过，在2022年下半年，也随着大盘的下跌走出了一波大幅下跌行情。

先来看一下大盘走势情况，如图4-8所示。

图4-8　上证指数日K线走势图

上证指数在2022年下半年的9月到10月期间，出现了一波快速下跌走势，整个大盘指数在短时间内呈现大幅下挫态势。由于大盘指数对个股具有很强的影响力，因此，很多股票也随之出现了暴跌走势，特别是一些超级绩优股，也随之出现了大幅走低态势，美的集团就是其中一只，如图4-9所示。

从图4-9中可以看出，美的集团的股价也随着大盘的下跌而出现大幅走低态势。到2022年10月，美的集团更是出现了加速下跌的迹象。当然，这也与当时的疫情有关，企业业绩受到了一定冲击，很多投资者开始抛售手中的股票，这些因素导致美的集团的股价大幅走低。到10月末，该股股价一度跌至37.59元（复权价）。

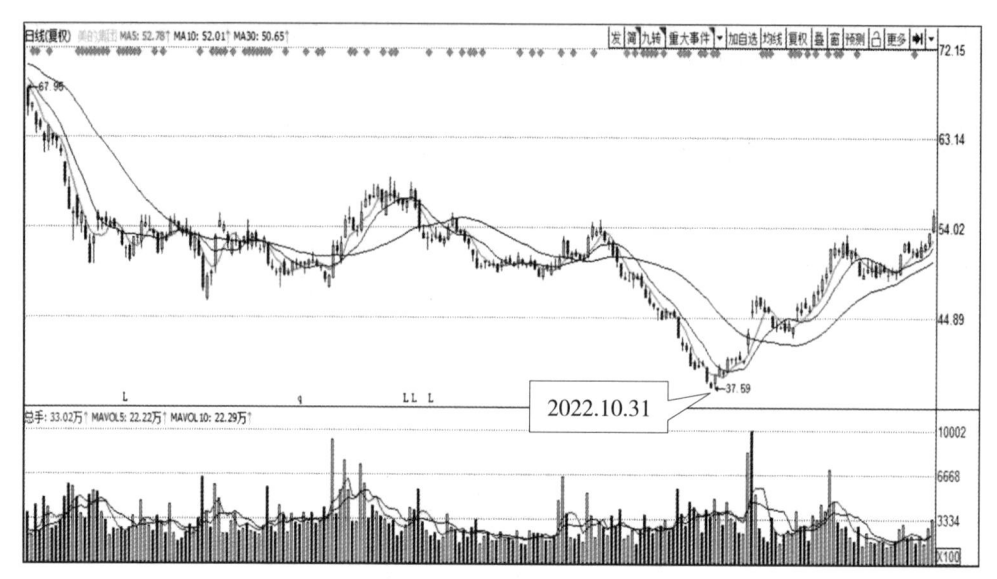

图4-9　美的集团（000333）日K线走势图

下面再来看一下美的集团的基本面情况。

表4-1　美的集团基础财务数据

项目	数值	项目	数值	项目	数值
净利润	295.54 亿元	每股收益	4.34 元	销售毛利率	24.24%
净利润增长率	3.43%	每股净资产	20.43 元	净资产收益率	22.21%
营业收入	3754.09 亿元	每股未分配利润	17.10 元	销售净利率	9.41%
营业收入增长率	0.68%	每股现金流	4.95 元	资产负债率	64.05%

注：以2022年财务数据为准。

从表4-1中可以看出，美的集团的财务数据是相当优秀的，在行业内部确实是龙头的存在。根据其基本财务数值，来计算一下该股当时的估值数据。

（1）按照市盈率计量。

截至2022年10月底，该股股价跌至38元以下，则其市盈率为37.59元/4.34元=8.66倍。

作为一家龙头家电企业，其市盈率维持在20倍左右都是合理的，而此时仅有8.66倍，由此可见，该股股价确实存在明显的低估。若按15倍市盈率计量，其合理估值应为51.45元。此时该股股价低估幅度超过了27%。

（2）按照市净率计量。

该股2022年年底每股净资产为20.43元，则其市净率为37.59元/20.43元=1.84倍。

对于一家家电行业的龙头企业来说，1.84倍的市净率是明显偏低的。

综合以上分析可知，此时美的集团的股价存在明显的低估。造成这种低估的原因包括：其一，受疫情影响，社会经济基本面不佳，致使大盘走低，带动了整个市场股票的大幅走低；其二，美的集团作为家电企业受疫情冲击较大，其营收和净利润增速虽维持上涨，但上涨幅度有限，特别是最后两个季度，其实是下滑了，这也导致市场对其业绩不满，造成股价大幅下跌。

不过，投资者认真分析整个经济基本面和个股情况可以发现：第一，个股基本面仍保持了较好的状况，并没有任何恶化的迹象；第二，疫情并非常态，当疫情结束后，整个市场对家电的需求量有望出现反弹，个股业绩也将出现一个修复。

总之，该股的业绩增速不达标并非常态，未来势必会修复，个股股价也会同步获得修复。基于以上判断，投资者可拿出部分资金在2022年11月抄底美的集团股票。当然，在执行抄底时不能全仓杀入，可以先用三分之一的仓位入场；待股价企稳后，出现回调，且不破前低时，再入场三分之一；最后三分之一需要留作备用金。

第五章
均线抄底战法

均线,全称为"移动平均线"(Moving Average),英文简称为MA,该指标是以平均成本概念为理论基础,采用统计学中移动平均的原理,将一定时间周期内的股价或指数的平均值标在价格图表中连成曲线,用来显示股价或指数的历史波动情况,并以此来预测后市的趋势走向,为投资者提供操作依据。

目前,均线指标已经成为绝大多数股票交易软件中K线的伴生指标,由此可见其受重视的程度。

同时,由于均线自身的特性,使其在判断股价涨跌方面拥有其他技术指标无法与之相比的优势。也正因如此,很多投资者喜欢借助均线指标来抄底。

第一节　均线抄底法的基本原理

借助均线抄底能够行之有效的根本原因,其实与均线运行的原理有着密切关系。均线运行的基本原理最为核心的有两个:其一为持仓成本原理,其二为动态平衡原理。当然,第二个原理也与第一个原理存在紧密的关系。

一、持仓成本原理

均线指标本身就是一条反映市场平均持仓成本线,因此,均线指标的变化也反映了市场持仓成本的变化情况。

1. 持仓成本理论

持仓成本是指一段时间内买入或卖出股票总交易成本减去浮动盈亏后除

以持股数量而得到的数值。股价高于短线持仓成本时，说明短线买入股票者大部分呈盈利状态，在赚钱效应的驱动下，会有越来越多的投资者买入股票，因而股价继续上涨的概率较高；反之，股价低于短线持仓成本时，说明短线买入者大部分处于亏损状态，市场上的投资者因惧怕亏损而选择观望，因而股价继续下跌的概率较大。同时，若股价反弹至持仓成本线时，持有该股的投资者必然认为此时是一个较好的卖点，于是纷纷卖出股票，这会对股价上涨造成较大的压力。

总之，股价低于市场持仓成本时，说明股价处于弱势，且未来下跌的可能性较大；股价高于市场持仓成本时，说明股价呈强势，未来上涨的可能性较大。

2. 均线指标背后的持仓成本理论

均线指标给出了某一时间周期内投资者的持仓成本数据。当股价运行于均线上方时，说明股价高于大多数投资者的持仓成本线，也就意味着大多数投资者都是盈利的；反之，当股价运行于均线下方时，说明股价低于大多数投资者的持仓成本线，也就意味着大多数投资者都是亏损的。短线均线自下而上穿越中长期均线，说明短期持仓成本开始高于中长期持仓成本，股价将呈上升态势；反之，短线均线自上而下穿越中长期均线，说明短期持仓成本开始低于中长期持仓成本，股价将呈下跌态势。

如图5-1所示，恒立液压的股价经过一段时间的调整后，于2023年6月中旬重新启动了一波上涨行情。6月14日，该股股价向上突破30日均线，与此同时，5日均线也同步向上穿越了30日均线。这说明两点：其一，短线买入投资者的持仓成本开始高于长线投资者的持仓成本；其二，股价位于5日各条均线上方，说明此时股价高于大多数投资者的持仓成本。基于以上两点可以预判，未来股价上涨的可能性远高于下跌。

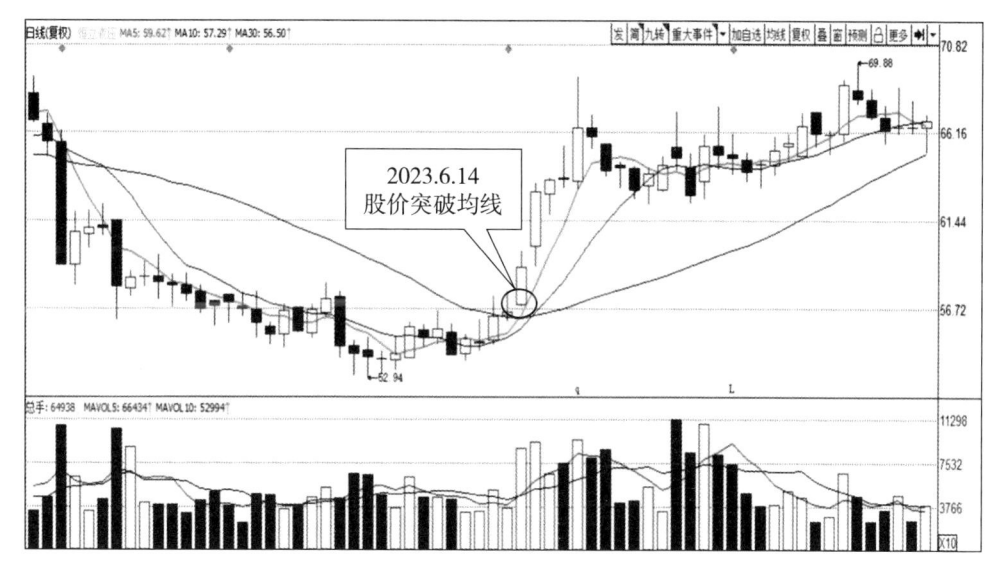

图5-1 恒立液压（601100）的均线变化趋势

二、动态平衡原理

动态平衡原理是股市一切技术分析的基础。

1. 动态平衡原理

世界上的万事万物总是处于不断的运行过程中，绝对静止的物体是不存在的。所有运动的物体都处在相对的平衡和不平衡之中：平衡被打破就是不平衡，不平衡又会酝酿新的平衡。股市也是如此。股价的运行往往会围绕某一中心线波动，当股价上升过快时，就会向中心线回调靠拢；当股价下跌过快时，又会向上反弹靠拢，且中心线也会根据股价的波动有所变化。整个股市就是处于这种动态平衡关系之中，如图5-2所示。

2. 均线指标背后的动态平衡原理

均线指标的设计过程很好地体现了这种动态平衡思想。在均线指标中，每条线都是一条股价波动的中心线。当股价位于均线上方，且距离均线越来越远时，股价上涨的阻力就会越来越大，直至回归到均线附近位置；同理，当股价位于均线下方，且距离均线越来越远时，股价下跌的阻力也会越来越大，直至回归到均线附近位置。

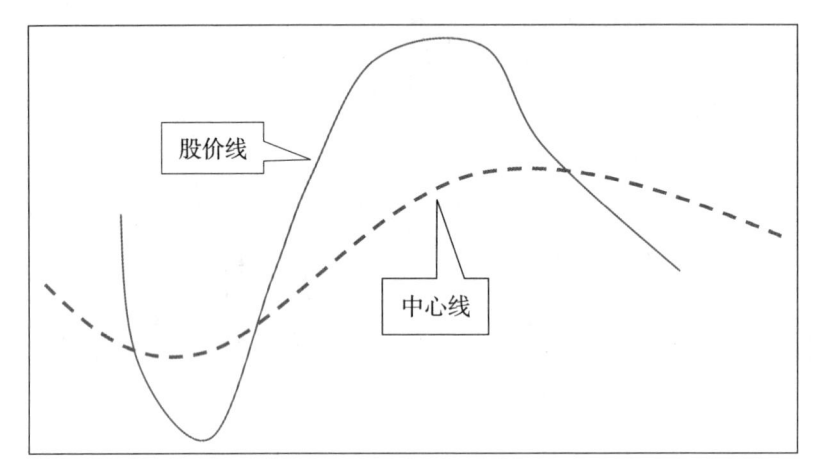

图5-2　理想化的股市动态平衡系统图

如图5-3所示，为汇洲智能的股价在2022年下半年到2023年上半年的走势情况。从图中可以看出，该股股价在此期间，一直呈现了振荡上升态势，

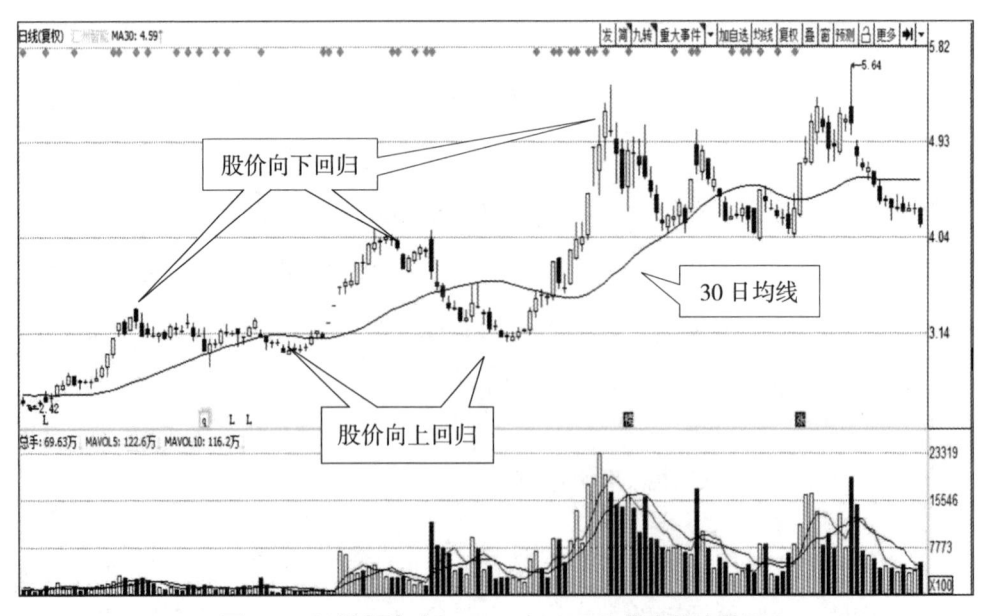

图5-3　汇洲智能（002122）30日均线指标走势图

而股价整个运动都是围绕30日均线振荡上升的。股价每次跌破30日均线后，距离刚一拉开，很快又出现了反向上攻走势；反之，当股价短线大幅上升后，开始距离30日均线较远时，又会重新下行，向30日均线靠拢。

总之，股价与均线始终处于一种动态平衡的状态之中。

第二节　均线异动与抄底

股价K线进入底部区域后，伴随着走出底部区域的过程，均线作为股价K线伴生的技术指标，势必会发出一些异常的信号。这些异常的信号，对于投资者抄底有着重要的意义。这些信号中，最为核心的是以下三类，如图5-4所示。

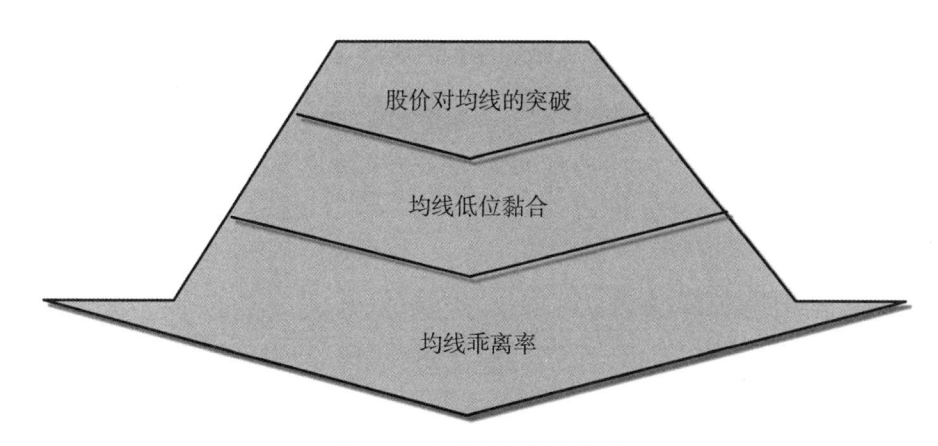

图5-4　均线异动信号类别

一、股价对均线的突破

突破是指股价自上而下或自下而上突破均线后，并在若干交易日内仍能保持突破后的形态。通常情况下，股价自下而上突破均线，意味着股价由跌势转为涨势，投资者可考虑买入股票；股价自上而下突破均线，意味着股价由涨势转为跌势，投资者可考虑卖出股票，如图5-5所示。

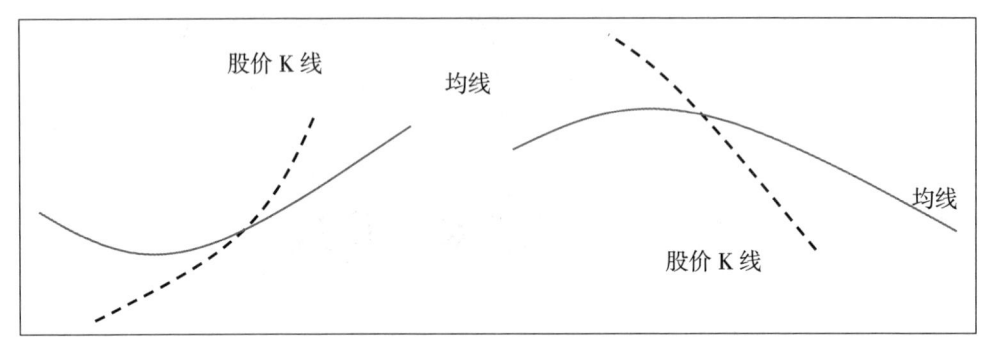

图5-5　股价对均线的突破

投资者识别股价对均线的突破操作时，应该注意以下几点。

第一，股价K线自上而下突破均线后，如果三个交易日没有回到均线的上方，意味着此次突破为真突破，后市看跌，可适当卖出股票。

第二，股价K线自下而上突破均线后，如果三个交易日没有回到均线的下方，意味着此次突破为真突破，后市看涨，可适当买入股票。

第三，股价K线突破均线时，如果成交量同步放大，则此次突破为有效突破的可能性更大。

第四，股价K线自下而上突破短期均线时，只能说明股价短线上涨的可能性较大；而自下而上突破长期均线时，则可能意味着股价长期运行趋势的转向。

第五，股价K线自下而上突破短期均线时，如果均线方向拐头向上，则股价未来上涨的可能性更大。

利用股价对均线突破执行抄底时需要注意：股价在底部区域出现振荡整理走势，若出现典型的底部形态更佳（如双底形态、三重底、头肩底等）。股价在走出底部形态（突破底部形态颈线位）时，同步放量向上突破均线（如10日均线或20日均线），则更可强化底部的形成，入场更为安全。

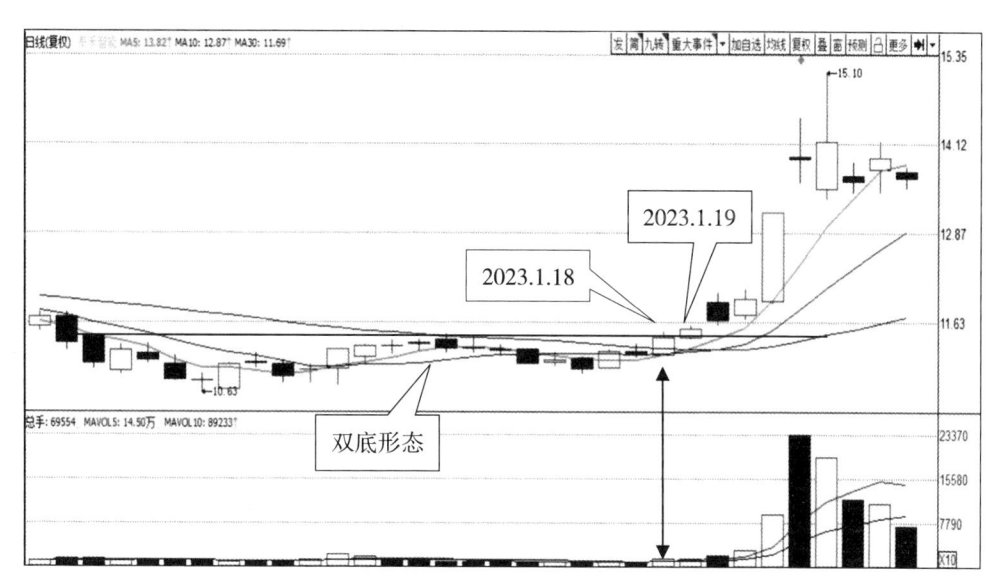

下面来看一下泰禾智能的案例，如图5-6所示。

图5-6　泰禾智能（603656）日K线走势图

泰禾智能的股价在2022年年底到2023年年初期间出现了振荡筑底走势，且形成了典型的双底形态。2023年1月18日，该股股价放量向上突破了双底形态的颈线位，且同时突破了10日均线。这说明该股的上涨趋势已经确立，该突破为有效突破的可能性较大，激进型投资者可在当日买入该股。次日，该股股价再次突破了双底形态的颈线位，说明股价正式走出了底部区域，投资者可考虑入场建仓。

二、均线低位黏合

当股价经过长期下跌，处于低价位区间时，若出现均线黏合在一起的情况，说明股价出现了止跌现象，持股者不宜再卖出股票。均线黏合的时间越长，后市上涨的可能性越大，投资者应密切关注股价动态，如图5-7所示。

投资者在根据均线低位黏合进行操作时，应该注意以下几点。

第一，股价经过长时间下跌后，出现止跌企稳态势，均线才会出现低位

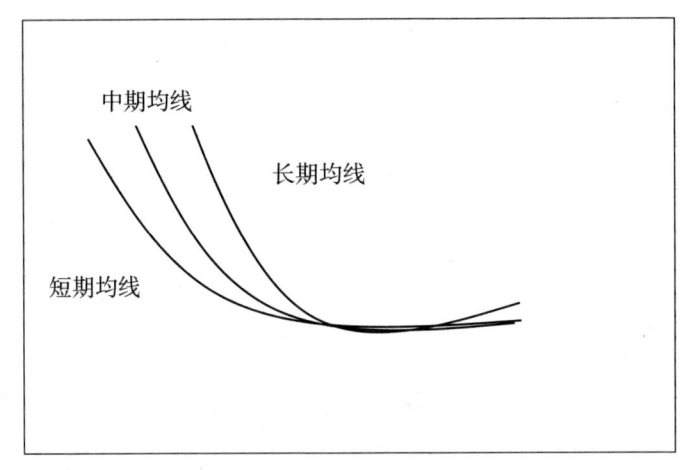

图5-7 均线低位黏合

黏合形态，这说明股价正在重新选择突破方向。

第二，股价均线黏合期间，成交量可能会出现持续的缩量状态；而当均线即将从黏合状态转为发散状态时，成交量会出现温和地放大。

第三，均线低位黏合后上涨的可能性较大，但并不意味着黏合之后股价一定会上涨，投资者还要防备主力的诱多或诱空等行为。

第四，通常情况下，均线黏合的时间越长，未来上涨或下跌的幅度也越大。

均线低位黏合后重新发散就是股价重新选择突破方向的时候。不过，为了避免决策失误，投资者还需做到以下几点。

第一，为股价盘整划定振荡区间或阻力线、支撑线。

第二，当股价向上或向下跌破振荡区间、阻力线、支撑线时，不立即采取行动，而是等待3个交易日，待突破获得确认后再采取行动。通常情况下，长时间的横向盘整，必然会有一波较大规模的行情，几个交易日内是不会完成的，所以投资者不必担心错过行情。

第三，若长周期均线（如60日、120日均线甚至250日均线）也能与短周期均线黏合在一处，则未来大幅上涨的可能性会增大。

第四，股价向上或向下突破整理区域时，若成交量同步放大，则可增强其突破信号的有效性。

下面来看一下源杰科技的案例，如图5-8所示。源杰科技的K线图上出现了均线黏合向上发散形态，开始阶段，该股在100元附近小幅盘整。随着调整的深入，5日、10日和30日均线逐渐黏合在一起。经过较长时间的蓄势之后，2023年4月3日，多方已经聚集了足够的上攻能量，纷纷抄底买入，带动股价放量上涨并突破压力线区域，而均线系统也呈现明显的向上发散状。这种K线图上的均线黏合向上发散形态，极有可能催生大牛股。而后，该股股价连续三个交易日没有跌破之前的阻力线区域，可见该突破为有效突破。看到此图形后，投资者应及时跟进买入。

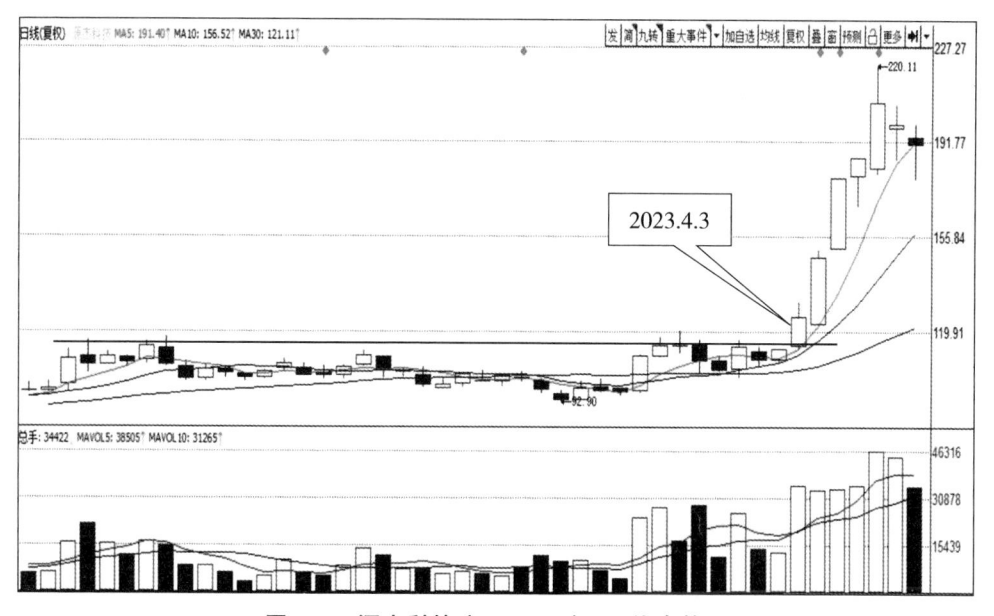

图5-8 源杰科技（688498）日K线走势图

三、均线乖离率

均线对股价有吸附功能。当股价上涨并远离均线时，股价会有向均线靠拢的愿望，因而会出现回档；当股价下跌并远离均线时，股价也会产生向均线靠拢的倾向，因而会出现反弹。这种股价与均线之间的偏离称为乖离，可以用肉眼观察，但要精确衡量，还需要引入乖离率（BIAS）指标。

BIAS指标又称乖离率指标，是在移动平均线基础上衍生出来的一种技术分析指标，用以衡量股价偏离移动平均线的程度。BIAS指标按照不同的计算周期，可以分别设定为6日、12日和24日三种，如图5-9所示。

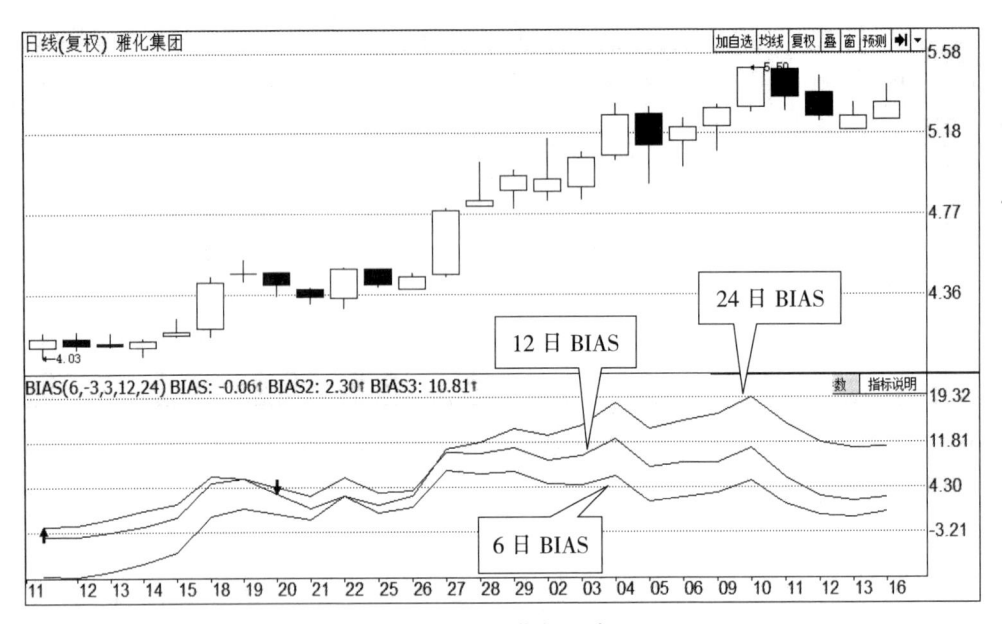

图5-9　BIAS指标示意图

BIAS指标具有如下几项特征。

第一，当股价运行在移动平均线之上时，BIAS指标数值为正，此时数值越大，说明股价偏离移动平均线越远，下跌的可能性就越大。

第二，当股价运行在移动平均线之下时，BIAS指标数值为负，此时数值越小，表示股价偏离移动平均线越远，上涨的可能性也越大。

第三，6日BIAS指标是一个短线技术指标，适合分析较短周期内股价的走势。如果要分析较长周期的股价走势，投资者可以多参考12日BIAS线和24日BIAS线。

第四，BIAS指标主要通过超买超卖来预测股价可能出现的波动。

下面先来看一下网达软件的案例，如图5-10所示。

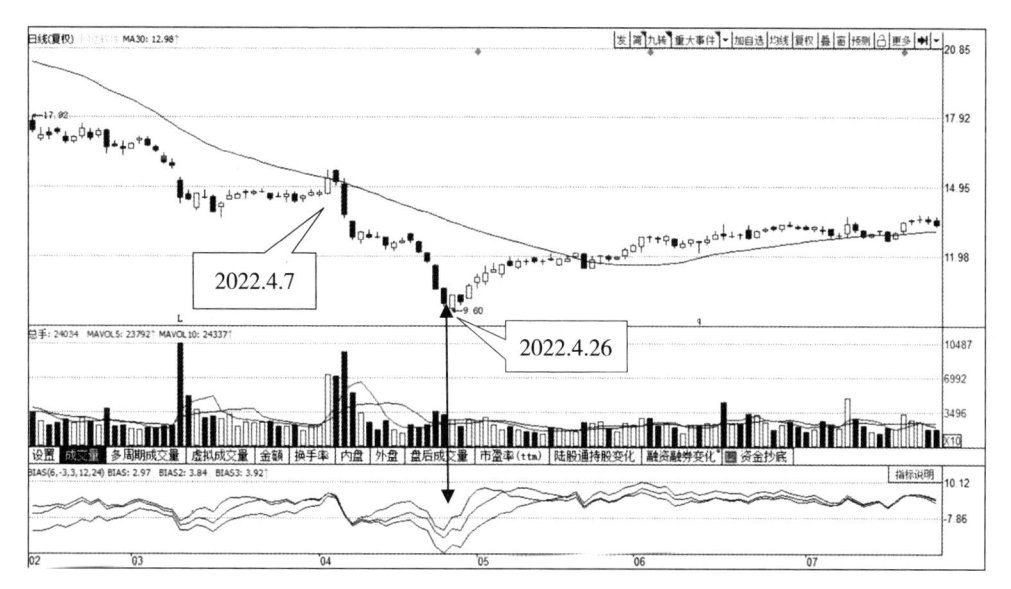

图5-10　均线的乖离：网达软件（603189）日K线走势图

2022年上半年，网达软件的股价一直呈现振荡下跌态势，股价始终运行于30日均线的下方。2022年4月初，该股股价出现小幅反弹，但遇30日均线阻力后重新开始下跌，并加大了下行的力度。与此同时，BIAS指标快速下行，并在4月26日达到极低值。此时就是股价K线与均线距离最大的时刻。

次日，该股股价自低点反弹，带动BIAS指标反攻，这说明股价存在反弹的可能。此后该股股价振荡走高。

第三节　均线抄底法的实操技巧

均线抄底法，是以均线指标为基础，辅之以其他技术分析工具开发出来的研判股价底部的技法。本节介绍几种应用效果较佳的均线抄底法，以供读者参考。

一、负乖离过大与抄底

尽管在实战中BIAS指标属于应用相对较少的一种技术指标，但这并不妨碍其在判断股价底部方面的效果，事实上，很多专业的投资机构却比较偏爱这个相对冷门的技术指标。BIAS指标会随着股价的上攻或下跌而波动，但其却可能与股价呈现完全不同的运动形态，投资者据此往往可以先一步判断股价底部的到来。

当BIAS指标由过大的负乖离率转向正值后，在多数情况下，就是股价从底部区域走出来的时刻，投资者据此往往可以实现成功抄底。其具体操作要点如下。

第一，随着股价的振荡走低，BIAS指标也呈现出振荡走低态势，BIAS指标线先后进入0轴下方，且BIAS线明显沿着下降趋势线下行。

第二，12日BIAS线最好能够下降至-10以下。

第三，随着股价出现止跌迹象，12日BIAS线开始拐头向上，并向上突破了0轴。与此同时，12日BIAS线同步向上突破了BIAS线下降趋势线，这也意味着BIAS线终结了下行趋势。

此时往往就是投资者入场抄底的良机。当然，投资者入场时，必须将仓位控制在合理的水平，待其他买入信号出现后，才可以进行加仓。

下面来看一下天永智能的案例，如图5-11所示。

天永智能的股价在2022年上半年出现了振荡下跌走势。随着股价的不断走低，BIAS指标线也同步下行，将BIAS线反弹的高点连接，就获得了一条BIAS线的下行趋势线。

12日BIAS线在4月26日达到了负乖离的极大值-12.76。此后，随着股价的振荡反弹，12日BIAS指标线拐头向上，并在5月6日完成了对0轴的突破。与此同时，12日BIAS线还突破了BIAS线的下行趋势线，这说明该股股价有很大可能走出底部区域，投资者可考虑入场抄底建仓。

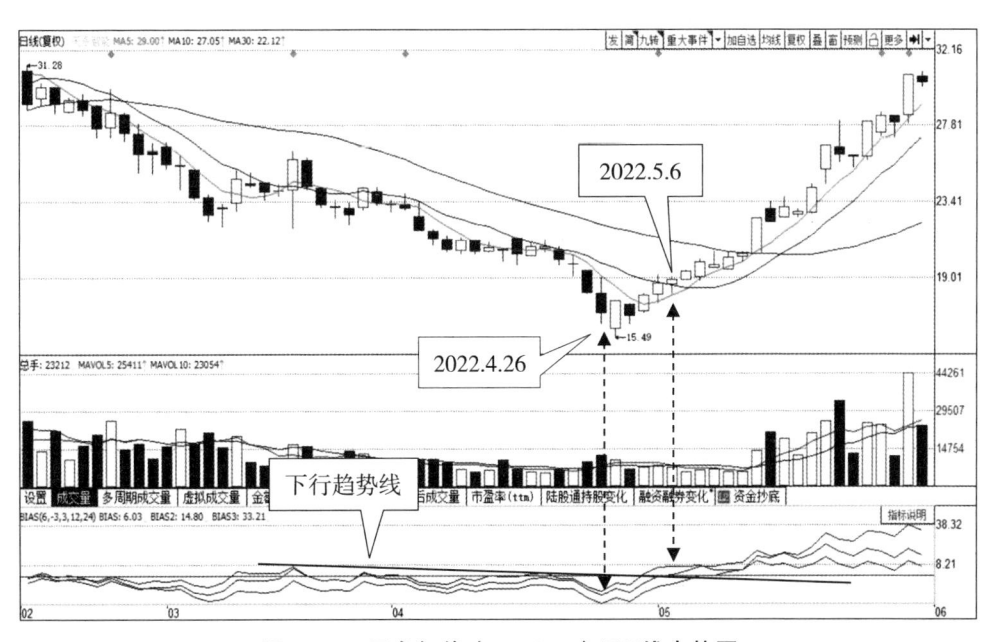

图5-11　天永智能（603895）日K线走势图

二、乖离率背离与抄底

通常来说，乖离率会随着股价的下跌而振荡下行，当股价下跌至新低时，乖离率指标也会下行至新的低点。而当股价创下新低，而乖离率却没有走出新低时，则意味着乖离率与股价之间存在背离关系，这也就是股价即将走出底部的一个信号。其具体操作要点如下。

第一，随着股价的振荡走低，BIAS指标也呈现出振荡走低态势，BIAS指标线先后进入0轴下方。

第二，股价在振荡走低过程中所形成的新一个底要低于前一个，而此时12日BIAS线却没有创出新的低点。这表明12日BIAS指标与股价形成了底背离形态，意味着股价将在不远的将来迎来反弹。

第三，随着股价出现止跌迹象，12日BIAS线开始拐头向上，并向上突破了0轴，股价K线也完成了对均线的突破，这就是较为明确的起涨信号。投资者可考虑少量入场建仓抄底。

下面来看一下铜陵有色的案例，如图5-12所示。

图5-12　铜陵有色（000630）日K线走势图

铜陵有色的股价在2022年下半年出现了振荡下跌走势。随着股价的不断走低，BIAS指标线也同步下行。到10月中下旬，铜陵有色的股价分别在10

月22日和10月31日创出两个阶段低点，且后一个低点要明显低于前一个。与此同时，12日BIAS线尽管也形成了两个低点，但后一个低点要明显高于前一个。这意味着BIAS线与股价之间出现了底背离形态，是股价即将企稳反弹的信号。

2022年11月4日，该股股价大幅放量上攻，并一举突破多条均线压制，12日BIAS线也同步向上突破了0轴，这是典型的看涨信号。想要入场抄底的投资者可在此时入场建仓。

三、20日均线抄底法

由于我国股市的开市时间基本上是每周一至周五，而一个月大概有4周，所以20日均线可以看作是月均线，代表一个月的平均成本。20日均线获得了很多投资者的青睐，是投资分析中最重要的辅助均线，其预测底部的准确性极高。

20日均线抄底法的操作要点如下。

第一，20日均线也是中线行情的分界线。一般情况下，股价沿着20日均线振荡下行，且位于20日均线下方。此后，若股价出现反弹走势，且放量突破了20日均线，则属于行情转暖的信号。

第二，若股价连续三个交易日站在20日均线上方，说明股价K线对20日均线的突破为有效突破。此后，20日均线开始放平，甚至出现拐头向上的迹象，投资者可考虑入场布局建仓抄底。

第三，若此后股价出现回调，且调整至20日均线附近时，因受均线支撑而重新上行，这是一个较佳的加仓点位，投资者可考虑加仓该股。

下面来看一下金科股份的案例，如图5-13所示。

金科股份自2020年开始了一波漫长的下跌之路。到2023年上半年，该股的下跌已经接近了尾声。观察股价K线与20日均线态势可知，在6月前，股

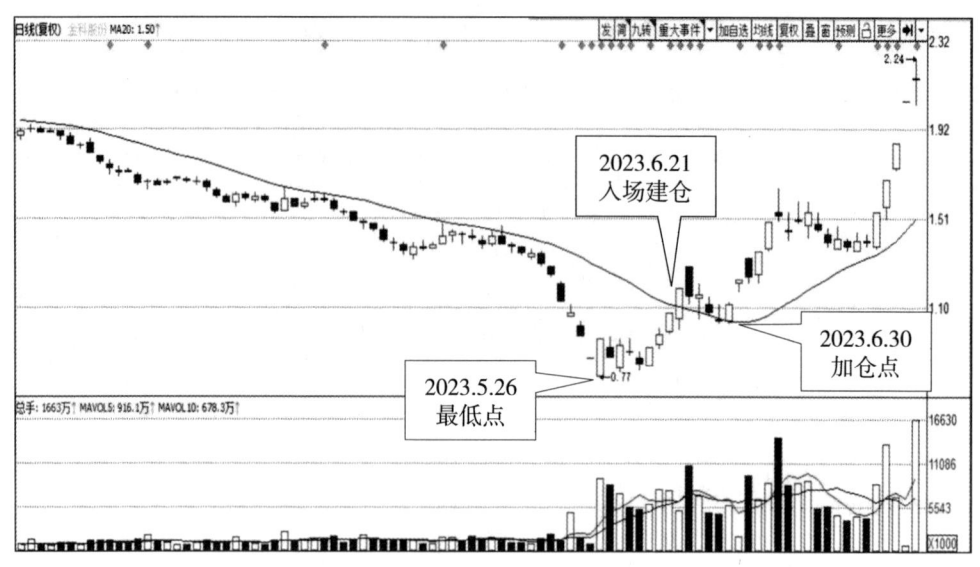

图5-13 金科股份（000656）日K线走势图

价K线一直运行于20日均线下方，且在5月下旬有加速下跌态势。

2023年5月26日，该股股价创出最低点后开始反弹，之后股价经过底部调整开始掉头向上运行。2023年6月21日，该股股价放量向上突破20日均线，且20日均线开始出现放平迹象。这是股价向好的表现，想要抄底者可考虑少量建仓。

2023年6月30日，该股股价经过几个交易日的调整后回到20日均线附近时，因受均线支撑而重新上攻，此时20日均线开始拐头向上。这是整个市场依然向好的明确信号，先前抄底者可考虑加仓。

四、三线黏合抄底法

三线黏合是均线黏合形态中一种非常典型的形态，常用的是5日线、10日线和30日线，其波动范围一般在2%以内，最多不能超过5%。均线黏合说明股价开始盘整，一旦均线结束黏合，将对股价的方向进行抉择，上涨或下跌都将持续一段时间。因此，当股价经过长时间下跌进入底部区域后，若再出现均线二线黏合形态，意味着股价即将脱离底部区域，这时往往就是较佳的抄底时机。

三线黏合抄底法的操作要点包括如下几点。

第一，股价经过长时间下跌后，做空动能已经得到极大的释放，股价开始呈现明显的企稳止跌迹象。

第二，随着股价开始呈现横向运行，各条均线出现黏合状况，这是股价选择方向的一个表现。

第三，某一交易日，股价开始启动上攻，均线随之结束黏合。均线结束黏合后，出现拐头向上形态，且呈多头排列，这往往意味着股价将出现一段上涨行情，喜欢抄底的投资者可考虑入场建仓。

第四，均线黏合结束时，如果均线方向向上，能有成交量放大相配合，那么后期上涨的可能性增大。

下面来看一下赢合科技的案例，如图5-14所示。

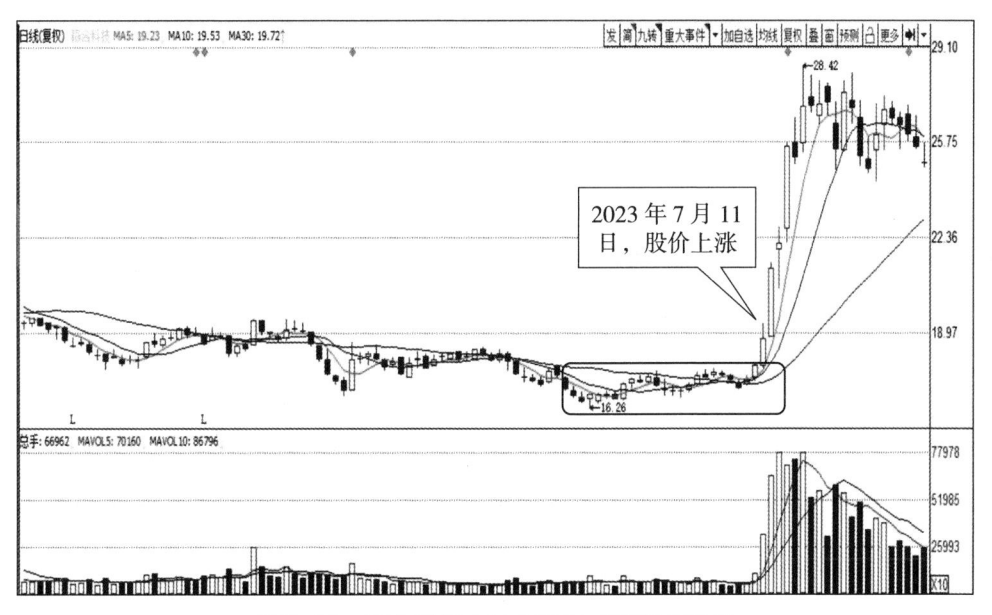

图5-14　赢合科技（300457）日K线走势图

如图5-14所示，赢合科技的股份自2022年8月开始一段漫长的下跌行情。到2023年6月，该股股价的下跌之路进入了尾声，股价开始呈现止跌企稳态势；与此同时，5日线、10日线和30日线呈黏合状态。2023年7月11日，该股股价经过一个多月的横盘之后出现上涨行情，均线由黏合变成发散，且均线呈多头排列；与此同时，成交量呈放大的态势。想要抄底的投资者此时可考虑买入建仓，以获得后期股票上涨带来的利润。

赢合科技的股价自2022年8月开始一段漫长的下跌行情。到2023年6月，该股股价的下跌之路进入了尾声，股价开始呈现止跌企稳态势。与此同时，5日线、10日线和30日线呈粘合状态。2023年7月11日，该股股价经过一个多月的横盘之后出现上涨行情，均线由粘合变成发散，且均线呈多头排列，与此同时，成交量呈放大态势。

想要抄底的投资者此时可考虑买入建仓，以获得后期股价上涨带来的利润。

五、均线波段抄底法

均线波段抄底，指的是股价振荡上行过程中，出现回调低点时入场建仓或加仓买入股票的方法。该方法需要依托30日均线进行判断，即只有30日均线呈现出明显的向右上方倾斜态势或放平态势，才是较佳的入场环境。

均线波段抄底技法的操作要点如下。

第一，股价经过一波上升出现了回调走势，且成交量出现了明显的萎缩。

第二，伴随股价的回调，5日均线拐头向下。而随着股价下跌势能的减弱，5日均线开始呈现放平态势。

第三，股价在回调过程中，K线实体逐渐变小，以小阳线、小阴线、十字星线为主。

第四，在股价回调过程中，30日均线始终处于向右上方倾斜态势，这说明股价运行趋势并未走坏。

第五，某一交易日，股价K线放量向上突破5日均线，并带动整个均线系统呈多头发散排列。此时就是投资者入场建仓或加仓的时机。

下面来看一下香江控股的案例，如图5-15所示。

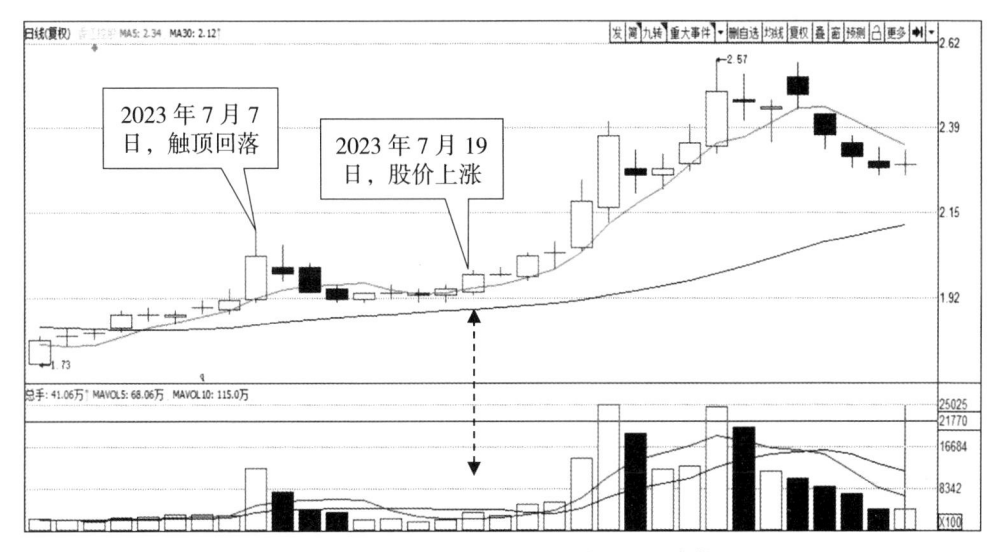

图5-15　香江控股（600162）日K线走势图

香江控股的股价自2023年6月中旬开始启动了一波振荡上升行情。到2023年7月7日，该股股价发力向上冲高之后，出现了回落走势。

此后，该股股价出现明显的回调，5日均线拐头向下，不过股价K线的实体越来越小，说明做空力量开始衰竭。与此同时，30日均线仍呈现出明显的向右上方倾斜态势，这也是股价走强的一种表现。

2023年7月19日，该股股价放量上攻，并成功突破了5日均线，这说明该股股价的回调已经结束，将重新进入上升通道。想要波段抄底的投资者此时可考虑买入建仓，以获得后期股价上涨带来的利润。

六、"猪笼入水"抄底法

"猪笼入水",实质上是一种底部异动形态,也是主力在拉升股价前进行洗盘时所留下的一种特殊的底部形态。

"猪笼入水"形态的形成,通常是主力在底部区域收集一定的筹码后,开始进行猛烈的拉升动作,股价在高位形成了尖顶形态之后,单边下行走势不做头部的确认动作。接近60日或120日均线时,突然放出一根实体阴线向下突破,走势吓人,但短期乖离率(5日或6日)出现明显的底背离形态。这往往是股价即将开始大幅拉升的前奏。

该技法的操作要点如下。

第一,股价经过一波筑底过程逐渐脱离底部区域,主力也已经基本建仓完毕。

第二,股价经过一波冲击波上升,在K线图上留下了一根带长上影线的K线,此后股价开始振荡回调。

第三,股价K线在回调至中长期均线(以60日或120日均线为宜)附近时,突破拉出一根中阴线,将市场情绪打击至冰点。此后,股价呈现横向振荡走势,即使下跌幅度也不会太大。

第四,若股价在中阴线后出现下跌态势,那么此时BIAS指标线很可能会与股价形成底背离形态。当然,若股价没有创出新低,BIAS线也会振荡上扬,只是不会再形成底背离了。

第五,当股价放量上攻走出回调区域时,标志着该形态的正式完成,也是新的行情即将启动的时刻,投资者可在此时入场建仓。

第六,其后,若股价持续上扬并突破了回调前的最高点,则可考虑加仓买入该股。

下面来看一下信息发展的案例,如图5-16所示。

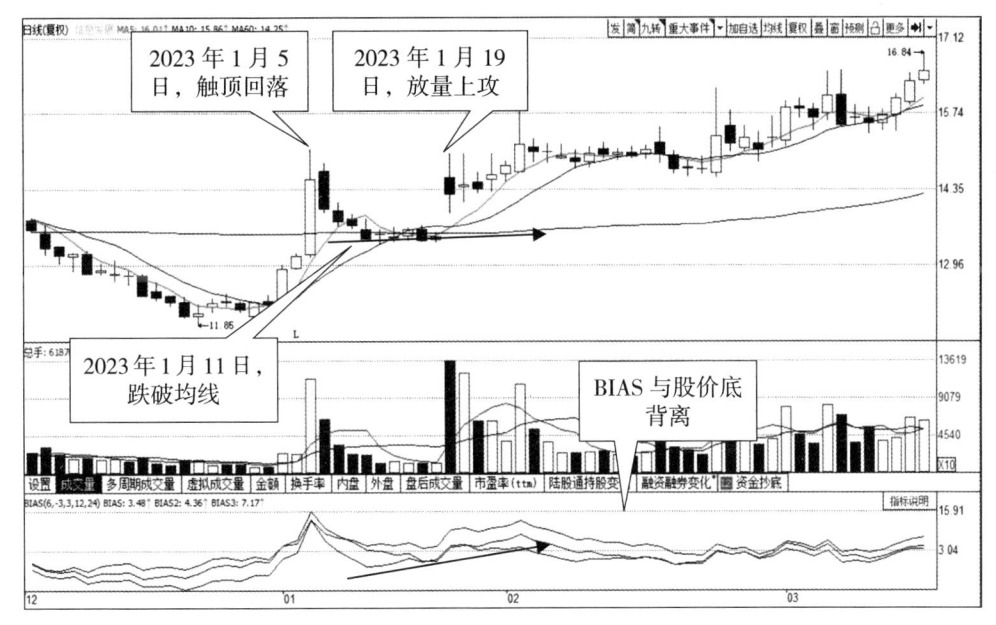

图5-16 信息发展（300469）日K线走势图

信息发展的股价经历了2022年下半年的漫长下跌之后，在2022年年底出现筑底走势。

到2023年1月初，该股股价开始启动上攻，并在1月5日创出阶段高点后回落，给人一种先前的上涨属于主力诱多的感觉。

此后，该股股价开始回调。当股价回调至60日均线附近时，K线实体变得很小了，正当所有投资者都认为股价存在止跌反弹的可能时，又一根中阴线击穿了60日均线，让人以为股价将继续下跌。

然而，该股股价之后出现横向下跌走势，但跌幅不是很大。观察此时的成交量可知，成交量已经极度萎缩了，而BIAS指标在股价振荡走低的同时却出现振荡走高态势，也就意味着股价与BIAS指标之间存在底背离形态。

2023年1月19日，信息发展的股价大幅跳空高开，最终以假阴线报收。这根假阴线突破了多条均线，其实是可以按阳线来研判的。这也就意味着"猪笼入水"形态正式成立，想要抄底的投资者可考虑入场了。

七、"水下寻宝"抄底法

"水下寻宝"抄底法，是指通过股价K线与中长期均线位置关系的变化寻找最佳投资标的的一种方法。

股价K线沿着中长期均线振荡上行过程中跌破了中长期均线，但并未远离均线，并呈现出微量调整走势。其后，股价重新放量上攻突破均线，则意味着股价调整的结束，也是股价新一波上升行情开启的信号。

该技法的操作要点如下。

第一，股价经过了一波振荡上升过程，积累了一定的获利盘。

第二，中长期均线呈现放平或向右上方倾斜态势，这是股价能够继续走强的基础。

第三，股价经过连续调整，已经完成了对中长期均线的跌破（以120日均线为宜），给人一种行情走坏的感觉。

第四，股价K线跌破均线后，并未继续大幅下跌，与均线距离较近，且成交量呈现明显的萎缩态势。

第五，某一交易日，股价K线大幅放量上攻，并成功突破了中长期均线，意味着股价将迎来新一波的上升走势。

下面来看一下林州重机的案例，如图5-17所示。

林州重机的股价经过一波上升后，自2023年4月下旬开始回调走势，并于5月12日向下跌破了120日均线。此后，该股股价并未继续大幅走低，而是呈现横向振荡态势，成交量却同步出现了萎缩态势。

2023年5月30日，该股股价经过前几个交易日的小幅上升后收出了一根中阳线，并成功站稳120日均线，此时"水下寻宝"形态正式成立。这也意味着股价将迎来一波大幅上升行情，想要抄底的投资者可考虑入场建仓。

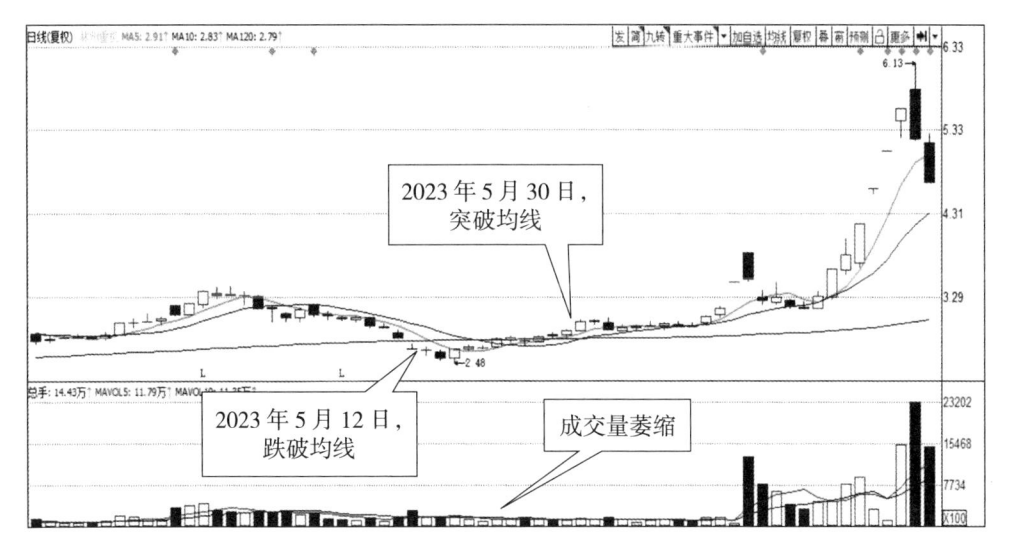

图5-17 林州重机(002535)日K线走势图

第六章
MACD 指标抄底战法

MACD指标英文全称是Moving Average Convergence and Divergence，中文全称为指数平滑异同移动平均线，是由杰拉尔德·阿佩尔（Gerald Appel）在移动平均线的基础上重新发展出来的一种技术指标。

在技术分析领域，MACD有指标之王的美誉。该指标在判断股价波动方面具有显著的优势，因此被很多投资者用来做抄底时的决策参考指标。MACD指标示意图，如图6-1所示。

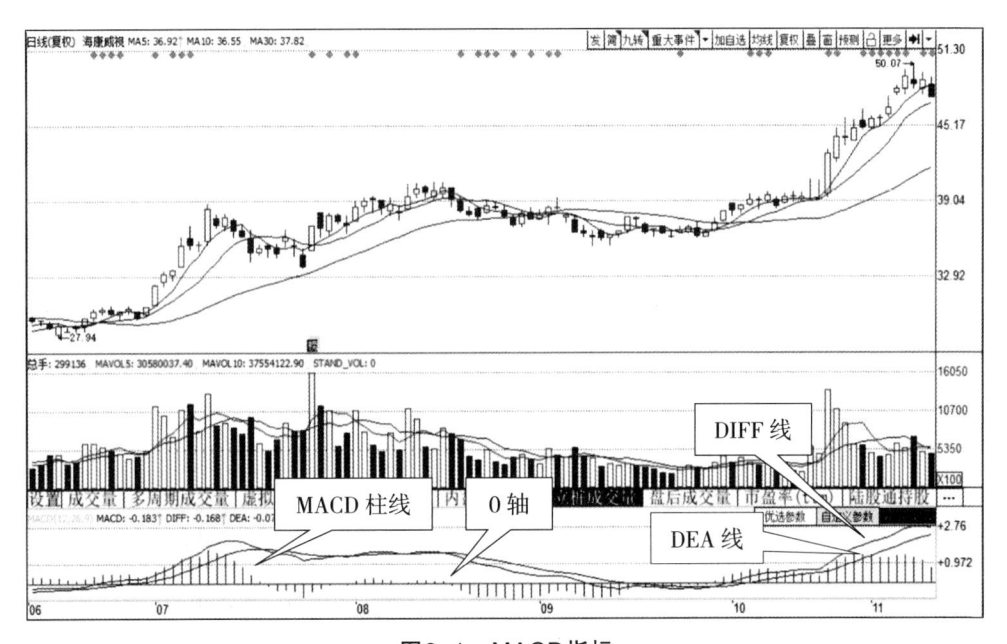

图6-1 MACD指标

MACD指标主要由DIFF线、DEA线、MACD柱线、0轴等四部分构成。MACD指标能够成为很多炒股软件的默认首选指标，足可见其应用的广泛性。这也从侧面说明了该指标是被历史检验过的最有效和最实用的指标之一。

第一节 MACD指标的基本功能

MACD指标的核心效用主要包含以下两个方面。

一、趋势识别

趋势识别是MACD指标最主要的一个功能。由于MACD指标是在均线技术上进行平滑处理而得到的，因而其对股价变动的灵敏程度要低于均线。这点使其在判断股价整体运行趋势方面的作用得以强化，如图6-2所示。

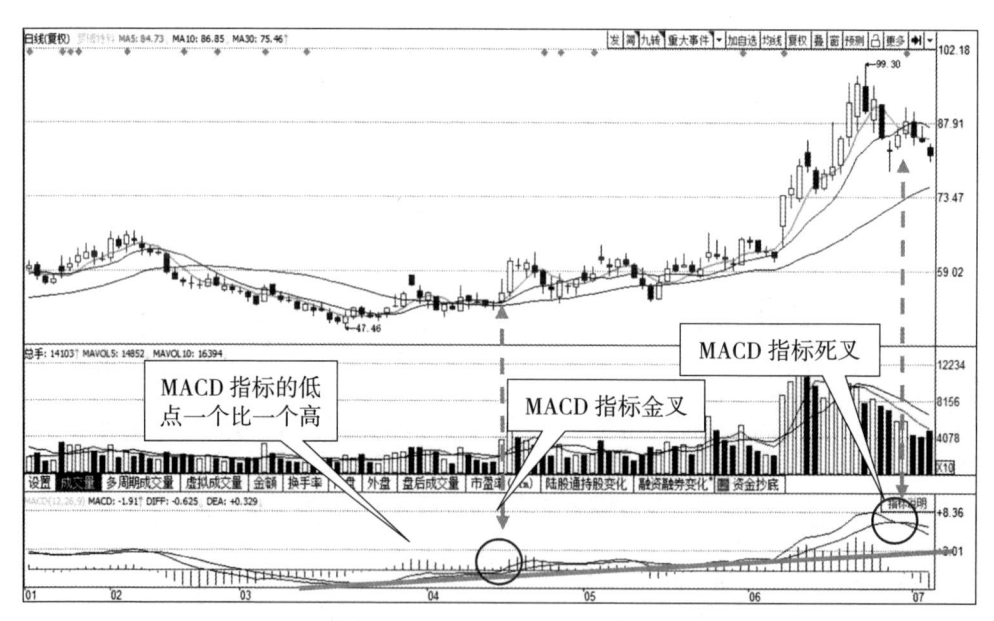

图6-2 罗博特科（300757）MACD指标的趋势运动

罗博特科的股价自2023年3月17日自底部启动上涨，MACD指标也随着股价的振荡而逐步走高。在股价回调过程中，MACD指标回调的低点一个比一个高，且MACD指标中的快线始终位于慢线上方，说明此时股价处于上升趋势中，投资者只需持股待涨即可。

顺势操作是所有投资者的共识，因而，认清股价运行所处的趋势，并准确地把握趋势，是每位投资者应该具备的关键能力。MACD指标中的两根曲线每次交叉与位置互换，MACD指标与股价、指数的背离，都可能形成股价运行趋势的转向，即由上涨趋势转为下跌趋势，或由下跌趋势转为上涨趋势。不过，这种趋势有时属于短线运行趋势的转向，有时则属于中长线运行趋势的变化。通常情况下，出现下列情形意味着股价处于或即将进入上涨趋势中。

第一，MACD指标0轴上方出现黄金交叉，其后DIFF快线一直位于DEA慢线上方。

第二，MACD指标低位出现底背离，即股价连续创出新低，而MACD指标的低点却一个比一个高。

第三，MACD指标的两根曲线向右上方倾斜，且MACD柱线越来越长，回调时低点一个比一个高。

当股价处于下跌趋势中，MACD指标所表现出的特征与上述情形刚好相反。

二、多空力量分析

众所周知，股价的上涨或下跌是多空双方争斗的结果：多方占据主动，则股价上涨；空方占据主动，则股价下跌。任何一方都不可能一直处于强势领导地位，当一方力量衰减时，另一方就有可能趁势出击，夺取股价的主导权。正因如此，投资者如果能够准确掌握多空力量的变化，就能更加准确地预测未来股价运行的趋势。而MACD指标中的0轴与柱线，就是一种比较有效地判断多空力量变化的工具，如图6-3所示。

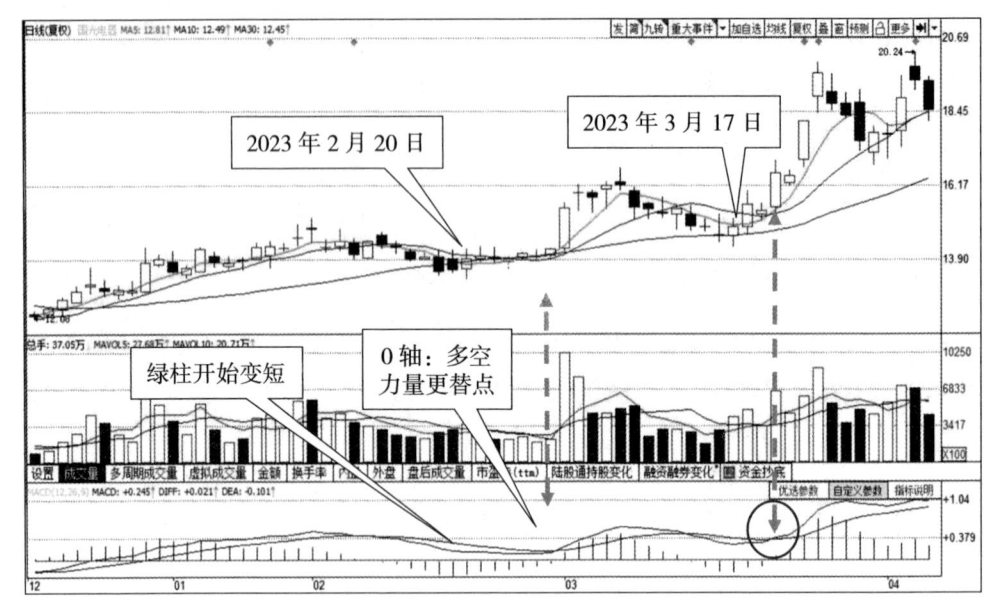

图6-3　国光电器（002045）MACD指标多空变化

国光电器的股价经过一段时间的振荡调整后，2023年2月20日创下回调低点后开始上涨。此时MACD指标虽位于0轴上方，但柱线处于0轴下方，这说明此时短线空方较强，但中长线多方占据优势。此后，随着股价的振荡上升，MACD指标在0轴上方形成黄金交叉，MACD柱线来到0轴上方后开始大幅上攻。

此后，该股又经历了一波回调。2023年3月17日，国光电器的股价再度收出阶段低价，此时MACD指标仍处于0轴上方，MACD柱线还是位于0轴下方，与之前的情形完全一致。但不久后，MACD指标就再度在0轴上方走出了黄金交叉形态，股价又一次启动了上攻。

MACD指标中，0轴就是多空力量强弱的分界线。通常情况下，出现下列情形意味着多空力量将要发生变化。

第一，MACD柱线由绿转红（由0轴下方升至0轴上方），意味着由空方主导转为多方主导。

第二，MACD柱线在0轴下方时不再拉长，且开始逐渐变短，说明空方虽居于主导地位，但力量开始减弱。

第三，MACD指标柱线在0轴上方时不再拉长，且开始逐渐变短，说明多方虽居于主导地位，但力量开始减弱。

第二节 MACD 指标异动与抄底

股价K线进入底部区域，伴随着走出底部区域的过程，一些积极信号就会显现。随着做空力量的衰竭，MACD指标很可能会发出触底回升、低位金叉等信号。这些异常的信号，对于投资者抄底有着重要的意义。这些信号中，最为核心的是以下三类，如图6-4所示。

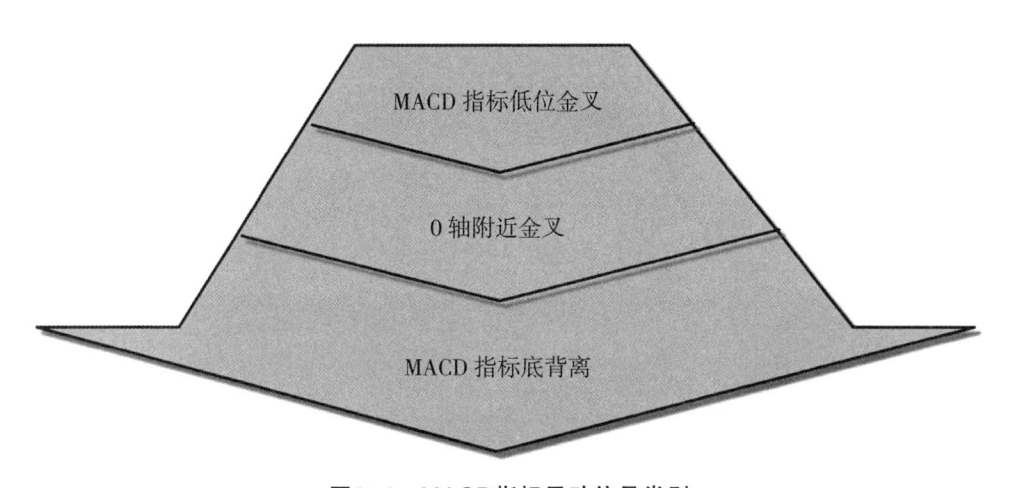

图6-4　MACD指标异动信号类别

一、低位金叉与量价低位异动

从主力坐庄的角度来看待股价涨跌，可以发现这样一种情形：股价之所以会进入下行通道，与主力的打压密不可分。大家知道，此时主力的出货任务已经完成，其继续打压股价的目的也很简单，就是将股价打压至较低的水平，然后再悄悄地入场建仓。建仓之后，再拉升，出货。如此循环。

股市中没有什么新鲜事，主力就是利用这种手法反复赚钱的。即使是绩优股也会出现上涨、下跌的循环，区别在于：绩优股每次价格循环之后，可能会创造更高的高点，且下跌的低点也会走高；而普通股票或者垃圾股则不然，它们下跌之后低点可能更低。当然，这就给了主力更多的获利空间，也正因如此，很多主力偏爱炒作垃圾股。

因此，从成交量角度来识别趋势反转或反弹时，需要关注以下几个方面。

第一，处于下降趋势中的股票，成交量一般都会萎缩，但下降前期或后期又有明显的不同。下降趋势前段，成交量萎缩的同时仍会出现不规则的放量情况，而在下降趋势的尾声，已经不会再出现规模较大的放量了，一般都会维持在较低的成交量水平。

第二，处于下降趋势中的股票，成交量持续萎缩。这种状态持续一段时间后，股价已经进入很低的位置，此时若成交量再度出现温和放大，甚至出现股价下跌，成交量放大的情况，这往往属于主力开始入场的信号。投资者要注意与之前的反弹信号相区分。

第三，处于下降趋势中的股票，在股价上涨、MACD指标出现低位金叉时，所反映的成交量状态也不尽相同。尽管股价上涨、MACD指标同步出现低位金叉时，成交量都会有所放大，但若仅为反弹走势的股票，成交量不太可能会出现较大规模的放大；而已经开始反转的股票，成交量则会呈现温和放大的态势。其实，这都是主力在背后运作的结果，若为反转趋势，主力吸筹已经足够，那么，股价上涨来日方长，没有必要一次性投入太多资金，除非个股出现了利好消息，主力不得不紧急拉升股价，以免其他资金入场抢筹。

下面来看一下华锋股份的案例，如图6-5所示。

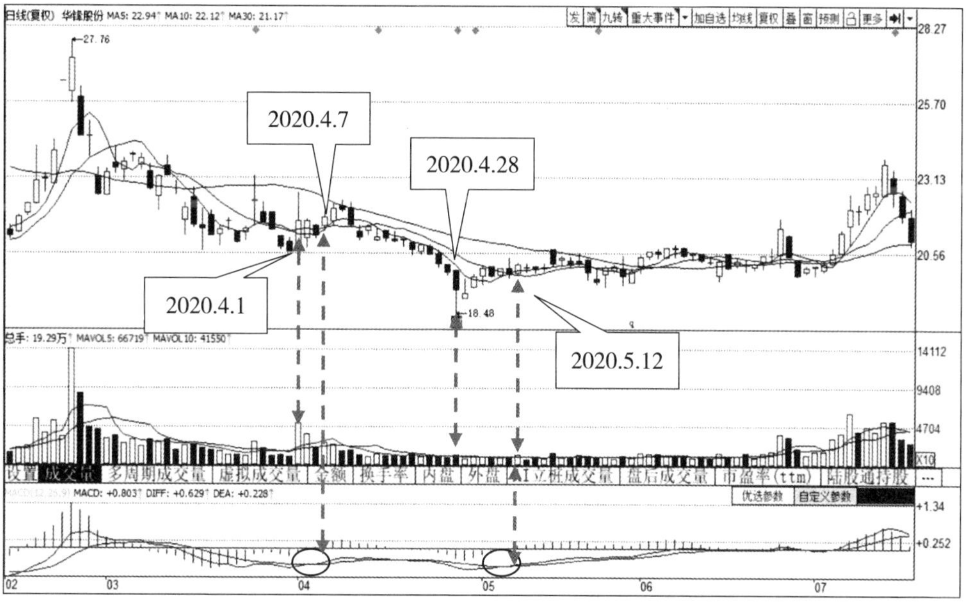

图6-5　华锋股份（002806）MACD指标走势图

华锋股份的股价自2020年2月下旬创下阶段高点后出现振荡下跌走势，MACD指标同步向下运行。观察该股的股价K线图可知，进入3月下旬后，股价K线开始运行于30日均线下方，且成交量同步萎缩。这属于典型的量跌价缩形态，投资者不宜入场。

2020年4月7日，该股股价在前两日反弹的基础上，再度小幅上扬，MACD指标同步出现低位金叉形态。从金叉形态形成前的成交量形态来看，4月1日股价大幅反弹后，遇30日均线受到了强大阻力，但成交量出现了较大规模的放大，这对于股价后面的走势十分不利。4月7日的股价上攻，无论成交量放量的规模还是上涨幅度，均小于4月1日，因而此时的金叉成色明显不足。投资者宜谨慎。

此后，该股股价重新进入下行通道，成交量持续萎缩，且保持了较长时间的低量。投资者这里需要注意一下，未来成交量再度放大时，可能就是主力开始大幅进场的时候，也是股价即将反转的信号。

4月28日，该股股价在前几个交易日下跌的基础上再度大幅走低，但其后被拉升而起，形成了带长下影线的阴线，且成交量出现放大态势。从盘面上来看，此时的下跌很可能是主力最后一次打压，未来股价存在企稳反弹的可能。

此后，该股股价小幅回升，成交量仍维持在低位。5月12日，该股温和放量上升，MACD指标出现低位金叉。该金叉是需要投资者特别关注的：基于之前的判断，股价当前很可能处于下降趋势的尾声，而此时的低位金叉，无疑是一个较为强烈的进场信号，也是较佳的抄底建仓机会。

不过，鉴于此时MACD指标仍处于0轴下方，且股价也运行于30日均线下方，出于安全考虑，投资者可少量入场建仓。待股价向上突破30日均线或MACD指标突破0轴，再行加仓。

二、0轴金叉及抄底加仓策略

通常情况下，MACD指标若在0轴附近形成黄金交叉前没有出现纠缠情况，而只是经历了一波下行走势，那么此时的金叉往往具有较强的看涨意味。这里有一点需要再次强调一下，MACD指标属于经典的振荡指标或摆动指标，它只有在出现明显的趋势运行，如上行或下行趋势后，发出的金叉或死叉信号，可信度才会高。而当股价横向振荡，MACD指标频繁出现金叉与死叉时，就失去了交易指示含义。

一般来说，0轴附近的金叉形成多源于两类走势。

其一，股价经过一波幅度较大的上涨后，出现回调走势。MACD指标下降至0轴附近时，因0轴支撑而再度上扬，并形成黄金交叉形态。此时就是一个较佳的加仓点位。一般金叉出现之后，股价通常会有一波上升走势。先前股价回落时减仓的投资者，可在此时重新进行加仓操作。

下面来看一下彤程新材的案例，如图6-6所示。

彤程新材的股价在2023年2月中旬振荡上升至阶段顶部区域后开始下跌。2月17日，MACD指标出现高位死叉，此后该股开始振荡下跌。鉴于MACD指标仍位于0轴上方，投资者可考虑部分减仓而非清仓操作。

3月8日，该股股价放量上升，向上突破多条均线，与此同时，MACD指标在0轴附近形成黄金交叉形态。该金叉位置较佳，属于较强的看涨信号，先前减仓的投资者可考虑重新加仓入场。

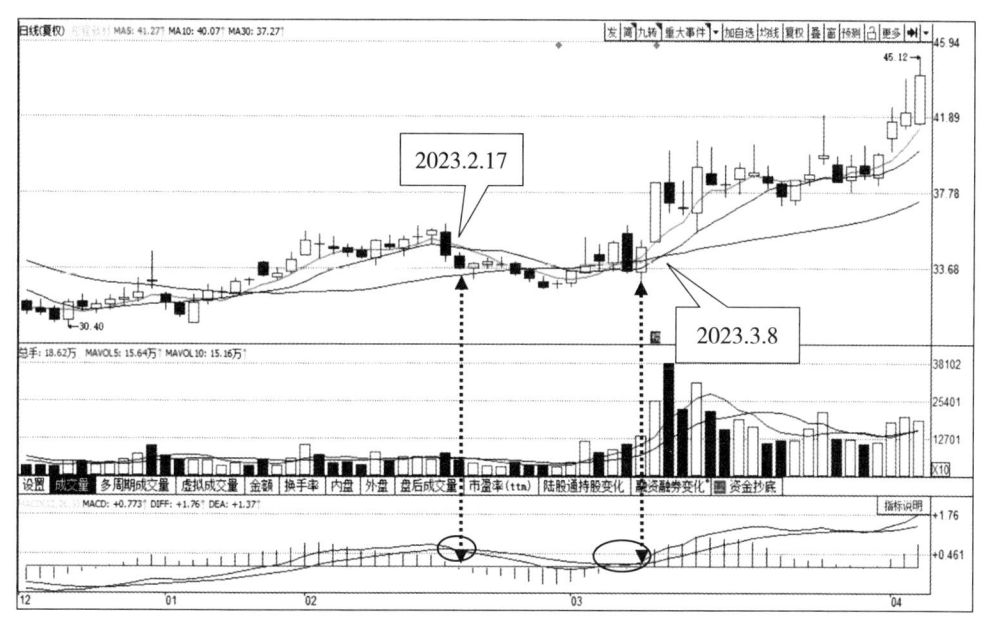

图6-6　彤程新材（603650）MACD指标走势图

注意：股价自高位回落后，MACD指标在0轴附近出现黄金交叉，很大程度上属于股价上涨时因深度调整而产生的一种形态。对于后续走势，投资者还是要保持谨慎态度，一旦股价无法突破前期高点（高位死叉附近的股价高点），就应该再度减仓。

其二，股价自底部启动反弹后，经过一波上升后在0轴附近遇阻回落，并很快在0轴附近形成黄金交叉。一般情况下，此时多为第三浪启动，属于较佳的加仓点，投资者可积极入场追涨。

下面来看一下中微公司的案例，如图6-7所示。

中微公司的股价自2022年年底、2023年年初启动了振荡上升走势。到5月初，该股股价出现了调整迹象，MACD指标越过0轴不久后也随之下行，并于2023年2月17日出现死叉形态。鉴于MACD指标仍位于0轴上方，投资者可考虑部分减仓而非清仓操作。此后，MACD指标与股价同步下行，不过MACD指标始终没有跌破0轴。

3月3日，该股股价放量上升，并站稳了30日均线，与此同时MACD指标在0轴附近形成黄金交叉形态。该金叉位置较佳，属于较强的看涨信号。由于此前股价上升幅度相对较小，而此时又在0轴附近形成黄金交叉，说明该股股价很可能即将启动一波快速上升行情，投资者可积极入场加仓买入该股。此时，股价启动的行情很可能属于主升浪，前期抄底入场者，此时可考虑加仓操作。

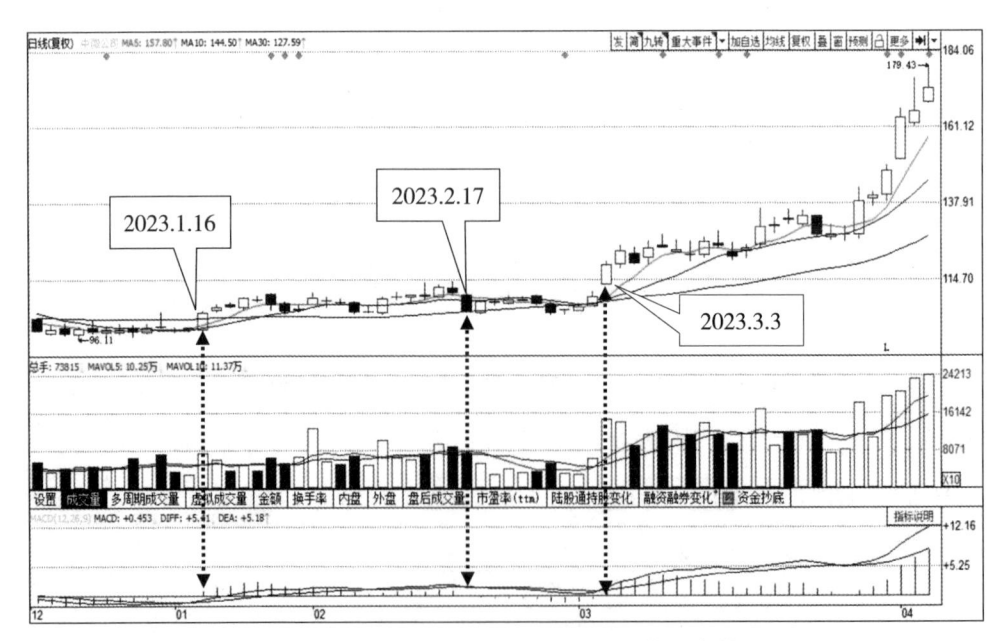

图6-7　中微公司（688012）MACD指标走势图

三、底背离与趋势、底部建仓

一般来说，当股价与MACD指标出现底背离时，MACD指标可能同步在0轴下方也会出现低位金叉，这个交叉点有的可能更高一点，已经接近0轴。此时，尽管股价仍然处于下行趋势，但反转肯定就在不远处了。基于底背离建仓的抄底者，需要关注这样几点。

第一，股价与MACD指标出现底背离后，股价出现明显的反弹迹象。

第二，股价向上突破某一重要阻力位（如均线等），且MACD指标向上突破了下降趋势线或形成低位金叉，可考虑少量入场建仓。

第三，只有股价振荡上行后，MACD指标向上突破0轴或在0轴附近形成二度金叉时，才可以进行加仓操作。

下面来看一下紫天科技的案例，如图6-8所示。

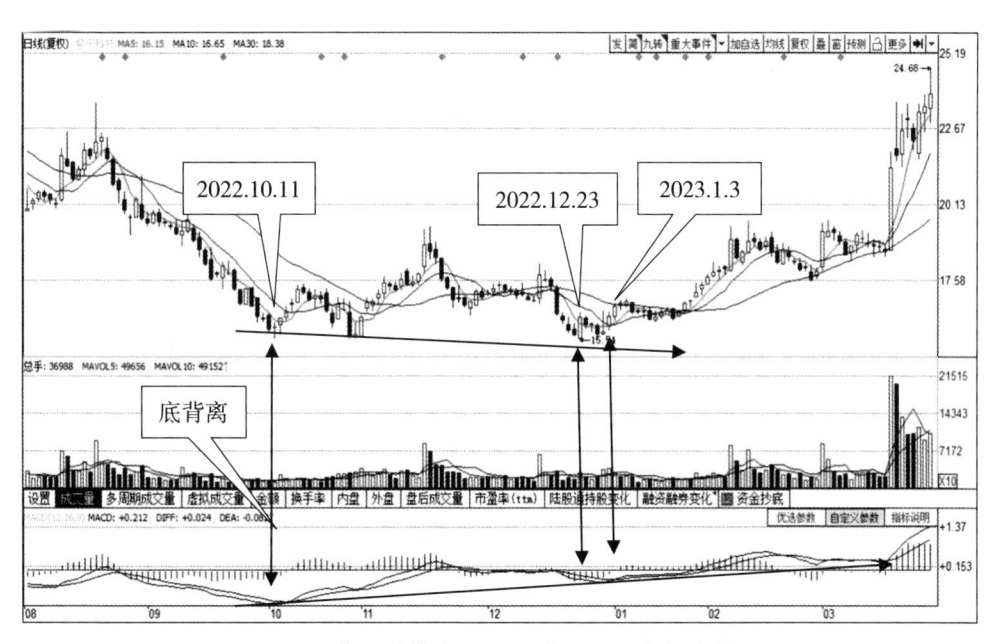

图6-8　紫天科技（300280）MACD指标走势图

紫天科技的股价自2022年年初开始进入下行趋势。随着股价的下行，MACD指标与成交量都同步走低。

2022年10月11日，该股股价在创出阶段低点后出现反弹走势，MACD指标同步出现低位金叉。由于该金叉点远离0轴，且股价运行于10日均线和30日均线下方，投资者可保持观望。

其后，该股股价重新开始下跌，并于12月23日再度创出新低。不过，MACD指标并未随之创出新低，这就意味着股价与MACD指标出现了底背离。

此时投资者可保持对该股股价走势的观察，一旦入场信号出现，即可考虑抄底建仓。2023年1月3日，该股股价小幅走高，MACD指标在0轴下方形成了黄金交叉形态，鉴于该金叉属于短期内的第二个交叉，且与0轴距离并不远，成色相对较高，投资者可考虑入场建仓该股。

此后，该股股价掀起了一波上攻走势。

第三节　MACD指标抄底法的实操技巧

MACD指标抄底法，是以MACD指标为基础，辅之以其他技术分析工具开发出来的研判股价底部的技法。本节介绍几种应用效果较佳的MACD指标抄底法，以供读者参考。

一、背离共振抄底法

量价底背离的原理与MACD指标底背离相似。正常情况下，量价同涨同跌属于良性的配合状态，即股价上涨，成交量增加；股价下跌，成交量萎缩。不过，若随着股价的下跌，且连续创出新低，而成交量却并未萎缩至新低，则意味着股价与成交量之间出现了量价底背离形态。与此同时，若MACD指标与股价同步出现底背离，则股价反转向上的概率更高。这也正是投资者要寻找的抄底良机。

该技法具体操作要点如下。

第一，随着股价的持续走低，成交本应越来越清淡，而成交量却反向出现增长态势，这说明已经有主力资金开始入场。

第二，在量价底背离形态出现时，若MACD指标同步出现底背离形态，则是股价触底信号的一种强化。

第三，背离共振形成后，股价K线发出典型的买入信号，如股价放量突破均线、MACD形成金叉等，则属于较佳的入场时机。

下面来看一下盘龙药业的案例，如图6-9所示。

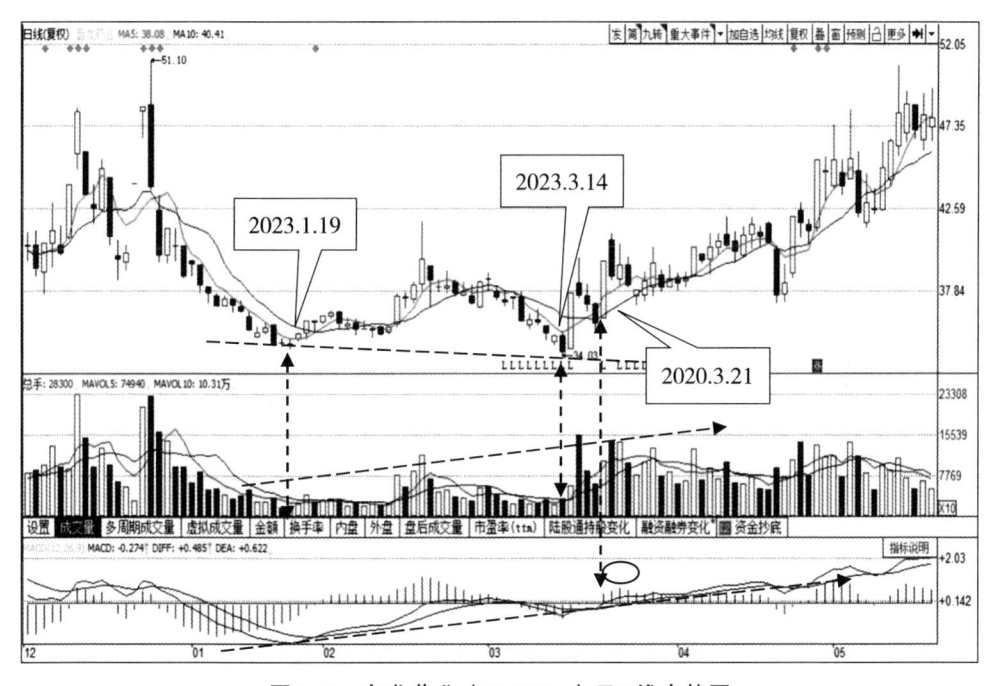

图6-9 盘龙药业（002864）日K线走势图

盘龙药业的股价自2022年11月下旬开始了一波下跌走势，MACD指标与成交量同步下行。

股价在振荡下行过程中，在2023年1月19日和3月14日形成了两个阶段低点，且后一个低点要明显低于前一个。而MACD指标也同步形成了两个低点，不过后一个底要高于前一个底，说明股价与MACD指标出现了明显的底背离。与此同时，观察两个低点对应的成交量可以发现，1月19日低点的成交量明显低于3月14日时的成交量，说明股价与成交量出现了底背离形态。MACD指标底背离与量价底背离在此时同步出现，这是典型的增强版看涨信号。

2023年3月21日，盘龙药业的股价终结了前几个交易日的回调走势，出现放量上攻。此时，MACD指标在0轴附近形成黄金交叉，买点出现，想要抄底的投资者可积极入场抄底建仓。

二、MACD指标与BIAS指标组合抄底法

一般来看，BIAS指标进入超卖状态，意味着股价短线下跌幅度较大，而BIAS指标反向向上，未来存在反弹的可能。此时，若MACD指标出现黄金交叉，则更可增强股价短线反弹的概率。

BIAS指标超卖与MACD指标金叉的操作要点包括如下几点。

第一，BIAS指标进入超卖区域后，BIAS值越低，未来反弹的空间和幅度越大。

第二，BIAS指标进入超卖区域后反弹向上，此时MACD指标出现金叉，则为最佳的买入信号。一般来看，BIAS指标触底反弹与MACD指标金叉同时出现最佳，若MACD指标金叉晚几个交易日亦可，但不能相隔太长时间。

第三，MACD指标金叉的位置越高越好，若能在0轴附近最佳。

下面来看一下纵横股份的案例，如图6-10所示。

纵横股份的股价自2021年11月下旬开始出现了新一波的下跌走势。进入2022年后，该股股价下跌速度加快，BIAS指标同步开始下行。

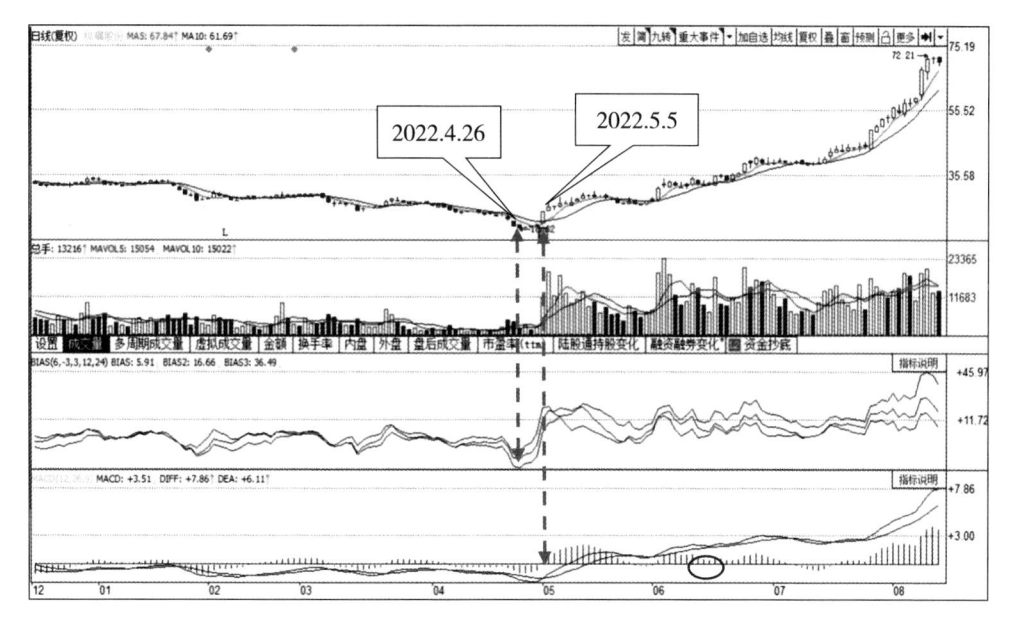

图6-10　纵横股份（688070）日K线走势图

4月26日，该股股价大幅下跌，BIAS指标进入超卖区域，此后，MACD指标也达到了最低点。此后，股价开始出现振荡盘整迹象，BIAS指标自超卖区域拐头向上，MACD指标同步萎缩。5月5日，该股股价大幅上攻，BIAS指标进一步走高，与此同时，MACD指标出现了黄金交叉形态，且此交叉点位于0轴下方不远处，说明该股可能会启动一波短线反弹走势。想要入场抄底的投资者可在此时少量建仓该股，待MACD指标向上突破0轴后可执行加仓操作。

三、MACD指标"天鹅展翅"抄底法

"天鹅展翅"是指随着股价触底反弹，DIFF线与DEA线在0轴下方形成金叉后，继续上扬，MACD柱线同步拉长。其后，随着股价的调整，DIFF线向DEA线靠拢，但未跌破DEA线，而MACD柱线同步萎缩至0轴。接着，股价因受支撑重新上攻，DIFF线高高跃起，MACD柱线同步快速拉升，犹如天鹅展翅飞翔。如图6-11所示。

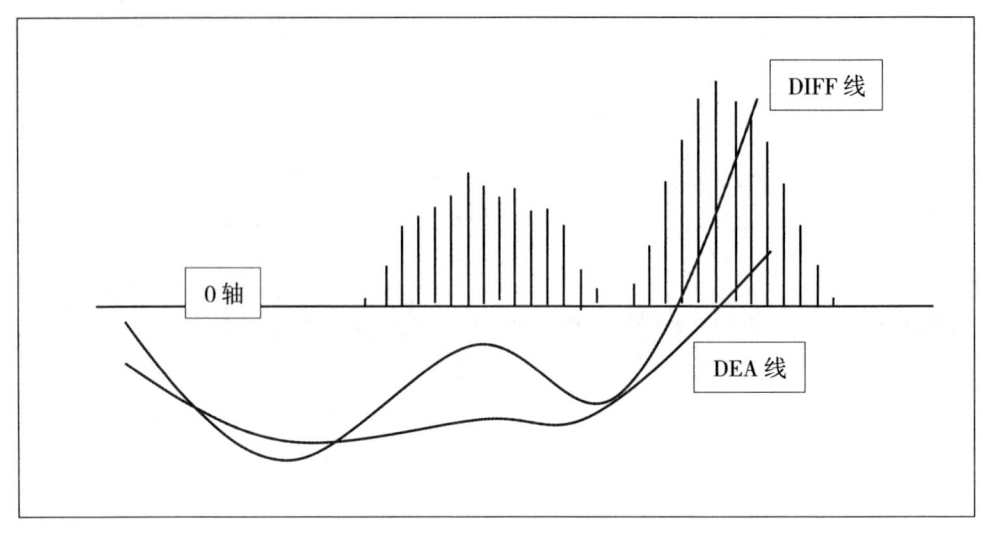

图6-11 "天鹅展翅"形态

"天鹅展翅"抄底法，本质上是寻找股价自底部启动后，经过小幅回调、再度启动的入场机会。相对而言，这是一个比较安全的入场点，尽管可能会错过第一波上涨的利润，但仍不失为理想的抄底时机。

"天鹅展翅"形态属于典型的看涨信号。该形态在底部出现后，通常股价都会迎来一波可观的上涨。其具体操作要点如下。

第一，股价经过一段时间的下跌后出现反弹走势，此时很多套牢盘以及底部入场抢反弹的获利盘都存在兑现的需要。因而股价在反弹一段时间后，就会重新进入调整行情。

第二，股价在回调时，DIFF线由于灵敏度高于DEA线，往往会率先有所反应，并随之下行。此时，由于DEA线还处于上升趋势，两者相遇后，DIFF线被DEA线高高托起，而此时股价与MACD柱线同步向上。这说明股价的回调已经结束，股价将会重新进入上升通道。

第三，随着股价的上行，若MACD指标快速向上突破了0轴，则更可印证股价上升趋势的确立，投资者可积极入场做多。

第四，股价回调时，若成交量同步萎缩，而当DIFF线被DEA线托起后，成交量同步放大，则更可印证股价即将进入上升趋势。

下面来看一下中海达的案例，如图6-12所示。

自2022年8月中旬开始，中海达的股价进入了加速下行通道。随着股价的振荡下行，MACD指标也同步下行。

2022年年底，中海达的股价出现触底企稳迹象。2023年1月3日，该股股价向上突破了10日均线，且MACD指标出现了低位金叉。由于该金叉距离0轴较远，成色有些不足，投资者可继续保持观望或少量建仓。

此后，该股股价出现了一波振荡调整走势，股价又创出下行以来的新低，DIFF线开始向DEA线靠拢。1月16日，该股股价放量上攻，DIFF线受DEA线支撑而大幅回升，MACD柱线同步拉长，说明该股即将结束回调走势，迎来新一波的上攻。至此，"天鹅展翅"形态正式成立，想要抄底的投资者可在此时入场建仓该股。

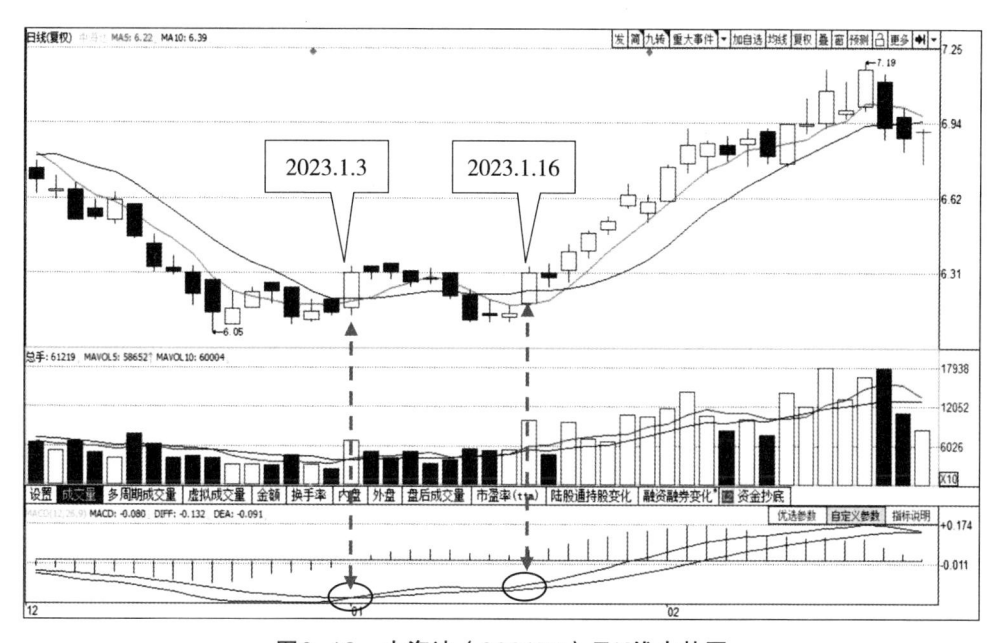

图6-12 中海达（300177）日K线走势图

四、MACD指标低位双金叉抄底法

低位双金叉+突破0轴，是指DIFF快线与DEA慢线在0轴下方连续形成两个金叉后，一举向上突破0轴的形态。该形态在底部出现属于典型的看涨形态，也是一个较佳的抄底时机。

1. 形态描述

DIFF快线自下而上穿越DEA慢线，且交叉点位于0轴下方，这时出现一个黄金交叉。其后，DIFF快线短暂上升后立即回调，并与DEA慢线形成死叉；其后，DIFF快线又一次拐头向上，并与DEA慢线形成第二个金叉。其后，DIFF快线与DEA慢线同步向上穿越0轴。该形态预示股价短期将大幅上涨。

2. 操作建议

低位双金叉+突破0轴的具体要求如下。

第一，DIFF快线与DEA慢线形成两个黄金交叉点，必须全部位于0轴的下方，且后一个交叉点应该高于前一个。

第二，DIFF快线与DEA慢线形成死叉时，成交量不应该出现明显的放大。

第三，DIFF快线与DEA慢线形成死叉时，股价最好能在某一重要点位处获得支撑。

第四，第二个交叉形成后，投资者可进行第一次建仓；DIFF快线和DEA慢线先后突破0轴时，投资者宜迅速跟进加仓该股。

下面来看一下大胜达的案例，如图6-13所示。

大胜达的股价在2023年上半年出现了一波振荡上涨行情。该股MACD指标在2023年5月18日走出了黄金交叉形态，此时DIFF快线和DEA慢线均位

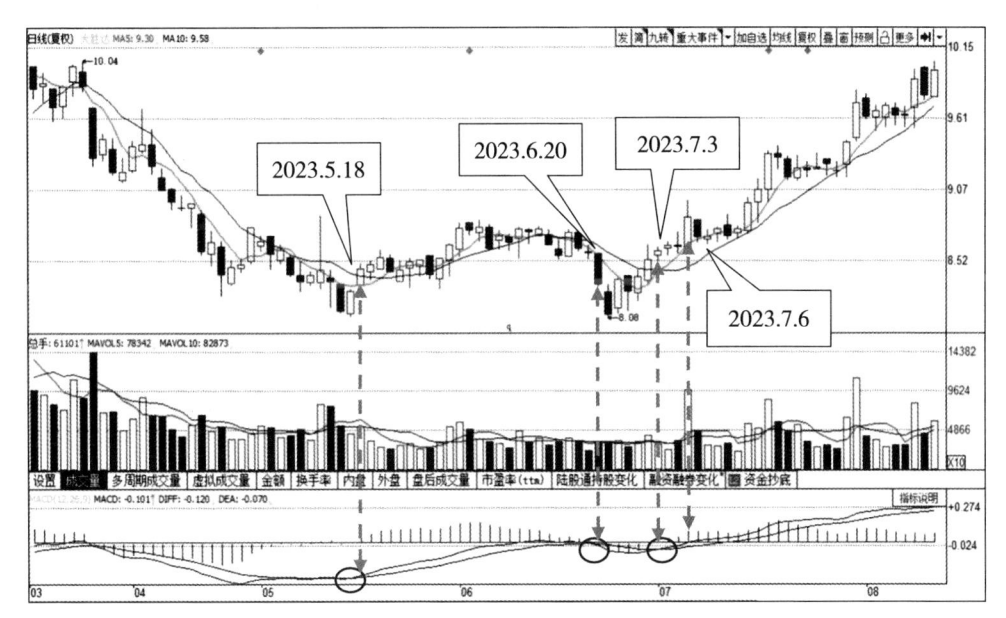

图6-13 大胜达（603687）日K线走势图

于0轴下方，说明股价短期有走强的可能，但空方仍占据主导地位。随后，该股股价经过一波上涨后出现回调。6月20日，DIFF快线自上而下穿越DEA慢线形成死亡交叉，说明股价短期将走弱，投资者宜谨慎观望。

随后，DIFF快线又一次开始拉升，并于7月3日自下而上再度穿越DEA慢线形成金叉，此后DIFF快线和DEA慢线先后突破0轴，说明多空力量对比已经发生逆转，股价将发动一波上涨走势。

DIFF快线与DEA慢线第二次的交叉点要高于第一次的交叉点。第二次金叉出现时，投资者可抄底买入部分股票，待DIFF快线和DEA慢线双双突破0轴时，投资者可加仓买入该股。

第七章
筹码分布抄底战法

筹码分布理论，是指根据筹码流动性的特点，对标的股或指数的成交情况进行汇总分析，得出某一时段的筹码结构（即各个价位成交股票的数量），从而预判股价未来走势的一种技术方法。

筹码分布图中峰谷式的分布特点，清晰地刻画出了股价运行的阻力位与支撑位，这也为投资者抄底提供了重要支持。筹码分布图如图7-1所示。

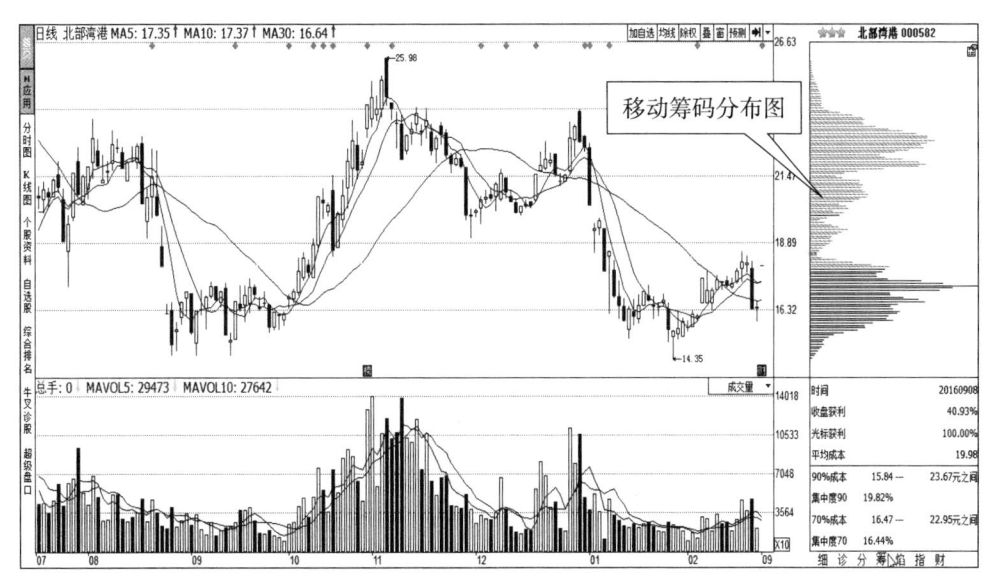

图7-1　筹码分布图（同花顺）

第一节　筹码分布抄底法的基本原理

抄底的前提肯定是要确认股价已经到达底部区域；而现实却是普通散户真的很难准确判断底部。因此，透析对手的底牌，特别是主力的底牌，就是每个散户的愿望。筹码分布技术就是一个帮助投资者了解对手底牌的工具。

筹码分布技术之所以能够起到这样的作用，主要根源于其遵循了以下几个原理。

一、成本与趋势理论

股价的上涨或下跌，归根结底是由资金的流入与流出推动的。当市场上大部分筹码处于盈利时，就会吸引更多的资金流入该股，进而促进股价继续上行，这就是上升趋势形成的原因；反之，当市场上大部分筹码处于亏损状态时，就很难有新的投资者解盘买入，若股价出现反弹，先前的套牢盘又会蜂拥而出，从而导致股价继续下跌，这就是下跌趋势产生的原因。筹码分布图可以直观地告诉投资者在什么价位有多少筹码处于盈利状态，多少筹码处于亏损状态。

下面来看一下菲菱科思的案例，如图7-2所示。

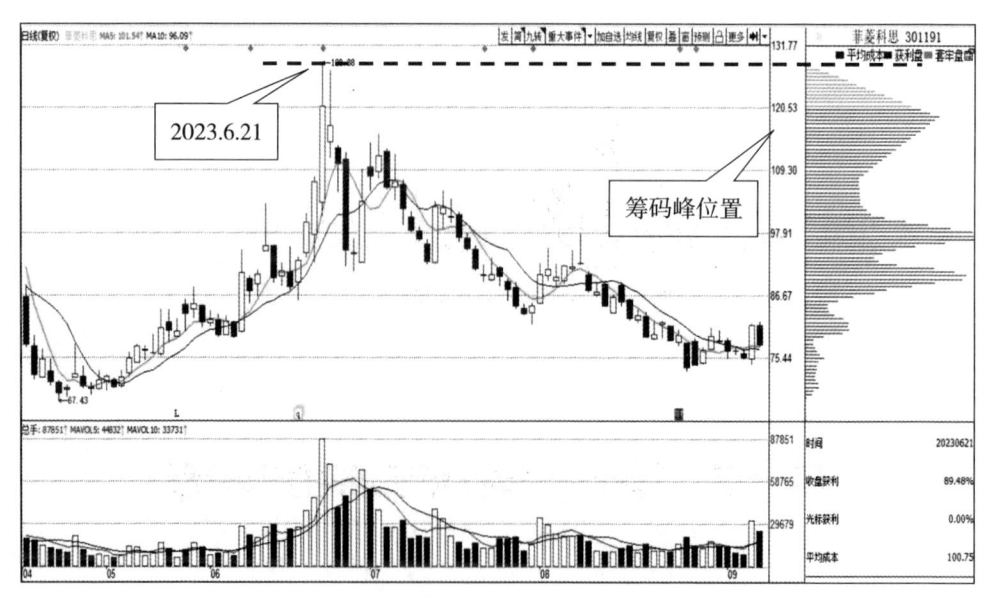

图7-2 菲菱科思（301191）筹码分布图一

菲菱科思的股价在2023年6月21日达到阶段顶部，此时该股的筹码分布较为分散，尤其是在顶部区域和底部区域，均分布着较大的筹码峰。6月21

日当天，股价冲高后出现回落态势，而此时6月21日高点附近的筹码峰就会成为未来股价上升的阻力，并迫使股价走低。

下面再来看一下7月4日的筹码分布情况，如图7-3所示。

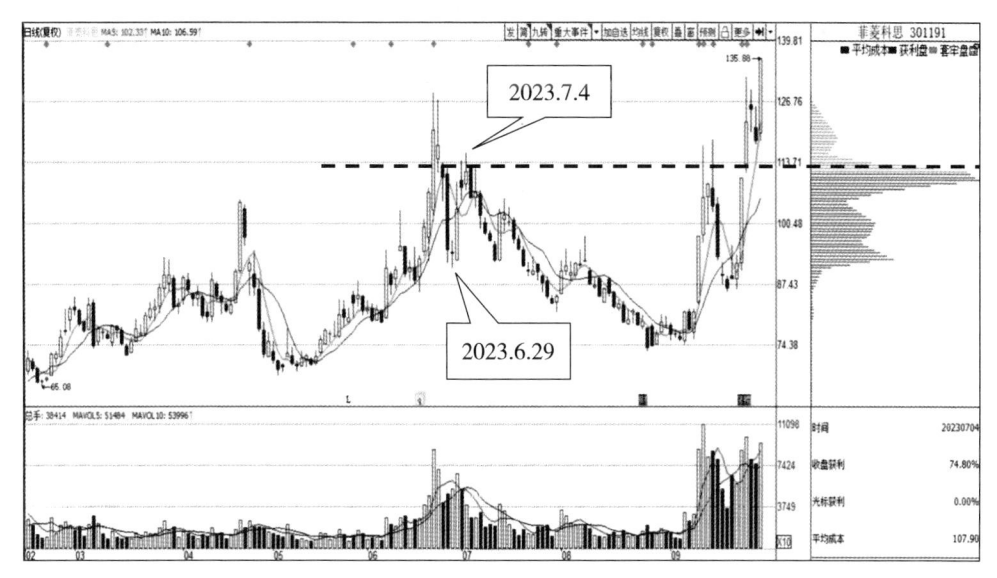

图7-3　菲菱科思（301191）筹码分布图二

菲菱科思的股价自6月21日回调后，从6月29日开始出现反弹走势，到7月4日，该股反弹至前期高点附近时，大量先前的套牢盘涌出，将股价再度向下打压。从右侧的筹码分布图可以看出，先前6月21日高点的大量筹码已经下移至7月4日高点附近了。这就意味着，之后只要股价反弹至7月4日高点附近，都会承受大量套牢盘出逃的压力。也正因如此，股价未来下行要比上攻更加容易。除非有资金能够全部吞掉这些套牢盘，也就意味着主力心中有一个更大的目标。

二、力量转化原理

股价在运行过程中必然会遇到支撑位与阻力位，而支撑位与阻力位互相转化的情况亦会一次又一次重演。这种力量转化的背后，其实与筹码分布息息相关。股价上方筹码峰所处的点位就是以前套牢盘所处的区域：一旦股价重新上涨至该位置，就会有套牢盘蜂拥而出，因此为股价上攻带来阻力；而如果股价能顺利向上突破这一位置，就说明在此位置有更大的承接盘涌入，那么股价必将上涨；且上涨之后回调至此位置时，又会有大量的承接盘涌入，因为大家相信股价会继续上涨，认为此位置是最好的买入位，因此该位置就由阻力位变成了支撑位。同样的道理，支撑位也可能转变为阻力位。

下面来看一下中贝通信的案例，如图7-4所示。

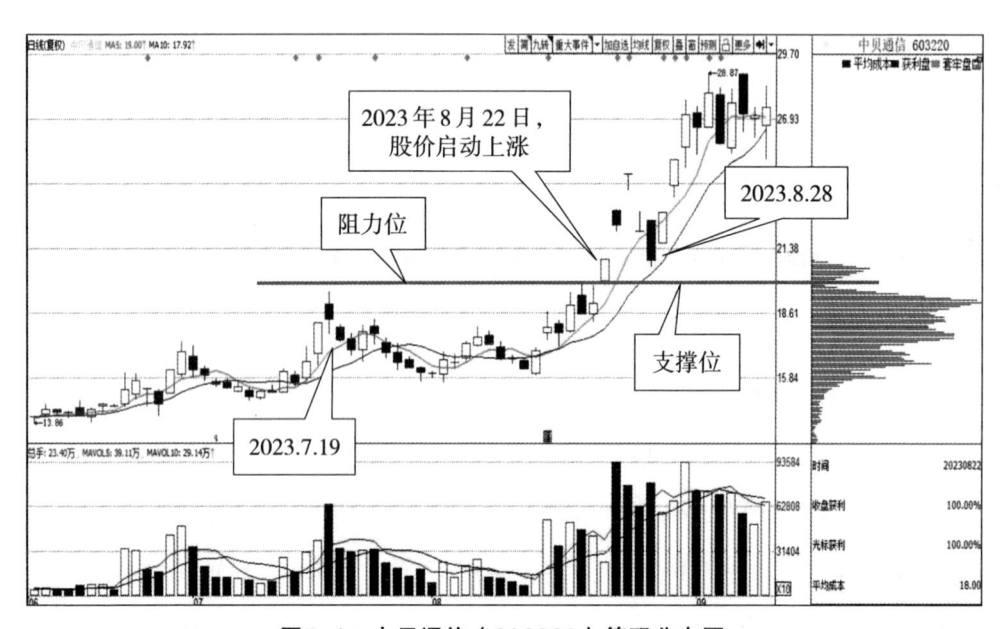

图7-4 中贝通信（603220）筹码分布图

中贝通信的股价从2023年7月19日创下阶段高点后开始下跌，与此同时，在高点附近形成了一个明显的筹码峰。此后，该筹码峰所对应的价位就成了该股的一个重要阻力位，该股股价曾多次反弹至筹码峰位置，均因筹码峰的阻力而重归下跌通道。2023年8月22日，该股股价放量向上突破了筹码峰，说明该筹码峰的阻力作用将转化为支撑作用。其后，该股股价经过几个交易日上涨后出现回调，且在8月28日回调至筹码峰附近时遇到支撑而重新上涨，证实了该筹码峰的支撑作用。

三、心理影响原理

历史会不断地重演，这是很多人认同的基本逻辑。某一点位一旦构成了对股价的支撑或阻力作用，那么当股价再次回到这里时，很多投资者自然而然地会选择回避风险。于是，这些筹码峰的作用就被一次又一次地强化了。

第二节 筹码移动与底部形成

众多筹码分布形态中，与底部形成密切相关的形态主要有两种，其一为低位单峰密集形态；其二为距离较大的双峰形态。

一、低位单峰密集与底部形成

筹码向底部密集的原因通常是股价处于下行趋势期间，散户不断抛弃手中的筹码。一般来说，当股价到达底部区域后，主力就会开始入场、建仓、吸筹。而主力吸筹所需的时间不同，股价K线在底部停留的时间也会有所不同。

在实战中，由于主力的操作手法不同，股价K线在底部停留的时间会有所不同。比如，有的主力打法比较凶猛，经常采用向下猛烈打压法吸筹，让很多散户因为心生恐惧而卖出手中的股票；有的主力打法则比较"温柔"，采取长期横盘的方式缓慢吸筹。总之，无论主力采用何种方式，最终股价都将于筹码在底部完成密集后才会启动。当然，也并不排除个别股票因为突发利好等事件，主力紧急拉升一波后再缓慢增加仓位，然后继续拉升。这里暂且不考虑后一种情况。

下面来看一下华海清科的案例，如图7-5所示。

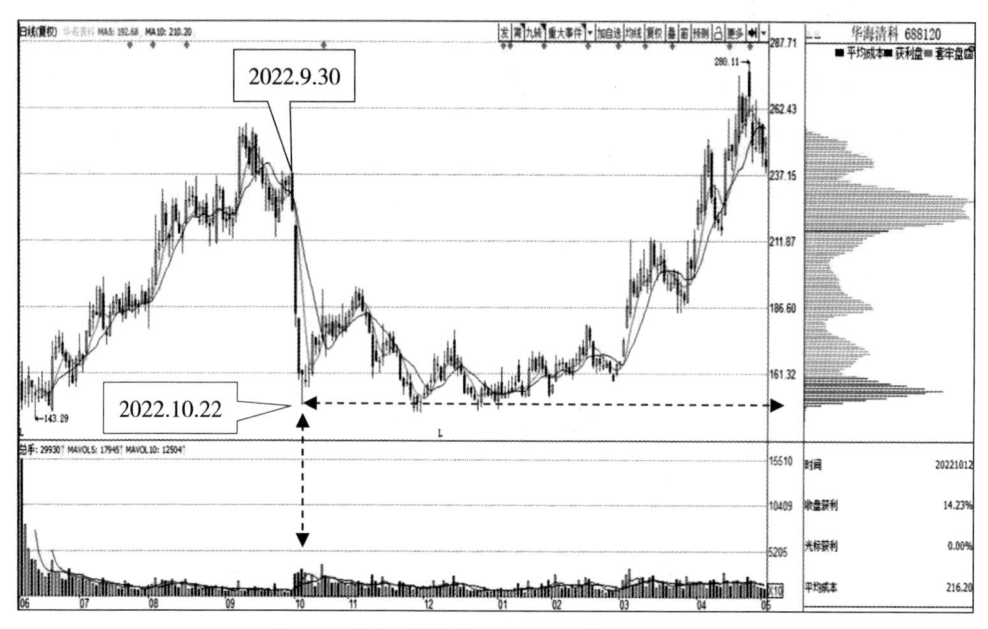

图7-5　华海清科（688120）筹码分布图一

华海清科的股价经过一波下跌后，在2022年10月22日到达阶段低点。观察此时的筹码分布图可知，此时该股的筹码比较分散，只在9月30日大幅下跌前的横盘位置密集了较多的筹码。

此后，该股股价开始在底部区域内横向振荡，如图7-6所示。

华海清科的股价在2022年10月底到2023年3月初的一段时间内，一直在底部区域振荡。而随着股价在低位振荡，该股的筹码也相应地向底部区域密集。2023年3月2日，该股股价开始启动上升。观察此时的筹码分布图可知，该股的筹码大部分已经密集于底部区域，说明主力建仓可能已经完成，未来股价上升的概率极高，投资者可考虑追涨买入股票。

图7-6　华海清科（688120）筹码分布图二

二、双峰填谷形态与波段抄底

股价在上涨或下跌过程中形成双峰形态后，有时并不会直接向上或向下运行，而是反向在两个筹码峰之间的峰谷区域振荡。股价在上涨至上方筹码峰位置时，会因该筹码峰的阻力而下跌；在下跌至下方筹码峰位置时，又因下方筹码峰支撑而上涨。如此往复，直至峰谷区域被填平，成为一个新的更高的筹码峰，这就是通常所说的"双峰填谷"。

下面来看一下立昂技术的案例，如图7-7所示。

立昂技术的股价在2023年年初出现了明显的筑顶迹象，且筹码迅速在高位聚集，并形成了高位单峰筹码密集形态。2023年3月28日，该股股价自高位下跌，此后股价一路下行。2023年4月底，该股触底反弹向上，如图7-8所示。

图7-7 立昂技术（300603）高位单峰密集

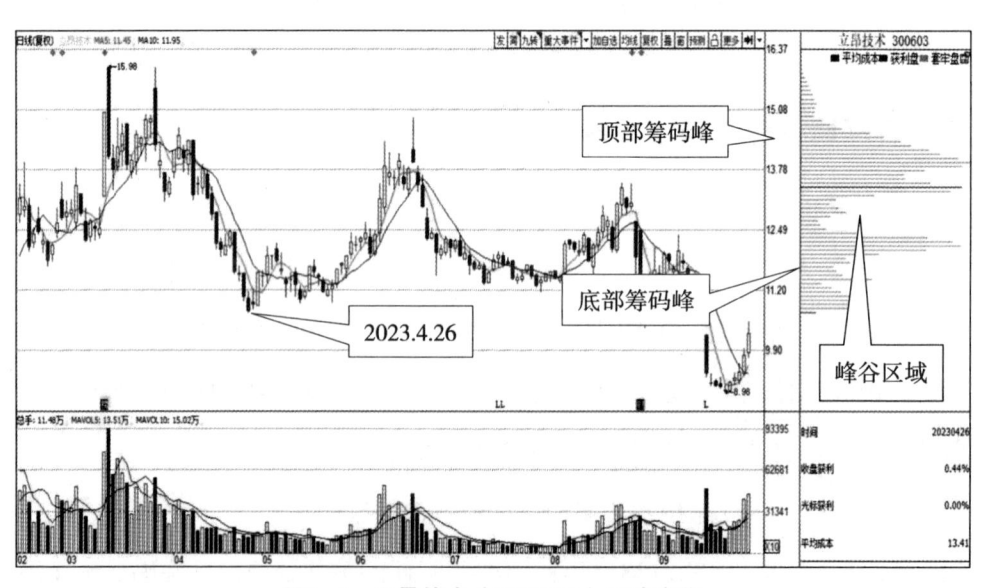

图7-8 立昂技术（300603）双峰密集

2023年4月26日，立昂技术的股价在到达阶段底部后开始反弹，与此同时，在底部区域形成了一个新的筹码峰，并与之前顶部形成的筹码峰相对应。至此，该股双峰形态正式形成。此后，该股股价并未跌破底部筹码峰，而是在两个筹码峰之间的峰谷区域运行。股价上涨至顶部筹码位置时，因顶部筹码峰的阻力而下跌；股价下跌至底部筹码峰位置时，又因底部筹码峰的支撑而上涨，如此往复。该股的筹码在峰谷区域越积越多，并逐渐形成了一个新的筹码峰，如图7-9所示。

图7-9　立昂技术（300603）双峰填谷

随着双峰填谷的完成，股价的波动范围也在收缩，说明股价正在选择突破方向。通常情况下，这时候投资者应该保持足够的耐心，不要过早地做出买入或卖出股票的判断。

通过以上对双峰填谷走势的介绍，投资者需要掌握该走势的以下几个主要特征。

第一，股价运行于两个筹码峰之间时，顶部筹码峰往往具有较强的阻力作用，而底部筹码峰则具有较强的支撑作用。

第二，当股价运行于两个筹码峰之间，筹码峰谷区域被逐渐填满时，就是股价重新选择突破方向的时候。

第三，若两个筹码峰之间的距离足够大，投资者可以底部筹码峰为买入点，顶部筹码峰为卖出点，进行短线波段操作。

第四，若某一日股价离开振荡区域，则说明新的行情即将到来。

第三节　筹码分布抄底法的实操技巧

筹码分布抄底法，总体而言属于成功率相对较高的抄底技法。当然，在具体实战中仍是围绕底部单峰和双峰分布形态进行设计的。

一、底部单峰抄底法

一只股票能够掀起主升浪，固然有外部环境、内部本质改善的原因，但股价能够持续上行，最直接的推动力其实还是主力资金向上拉升股价的意愿。而主力持续拉升股票的前提，是在低位已经吃进了大量的筹码，只有这样，主力才会愿意向上拉升股票。主力在低位吸筹最直接的表现就是筹码在低位聚集成一个单一的主筹码峰。

该技法的具体操作要点如下。

第一，股价在底部横向盘整了一段时间，成交量持续萎缩，股价波动幅度逐渐变小，这是股价重新选择突破方向的信号。

第二，随着股价在底部区域振荡，筹码迅速向底部区域密集，并形成了底部单峰密集形态，上方没有或者只有少量的筹码。

第三，某一交易日，该股股价开始向上拉升，K线呈现脚踩主筹码峰上沿的态势，这也意味着当前的筹码峰将成为股价上升的基础。

第四，有些情况下，主力在拉升前会故意做出向下突破的假动作，致使散户误以为股价将下行，此时主力再反向大幅向上拉升股价。

第五，股价突破整个底部单峰筹码区域后，投资者可少量抄底建仓。此后若股价向上突破某一阻力位，或回调遇筹码峰支撑再度上升时，可考虑加仓。

下面来看一下精伦电子的案例，如图7-10所示。

精伦电子的股价自2022年8月开始出现一波振荡下跌走势。到2023年4月下旬，该股股价已经进入下跌的尾声。观察该股的筹码分布图可知，4月28日该股股价触及阶段最低点时，筹码分布呈多峰发散式分布，股价上方聚集了大量的套利筹码。此时，该股股价并没有条件掀起大幅上升浪潮，投资者只需保持观察即可。

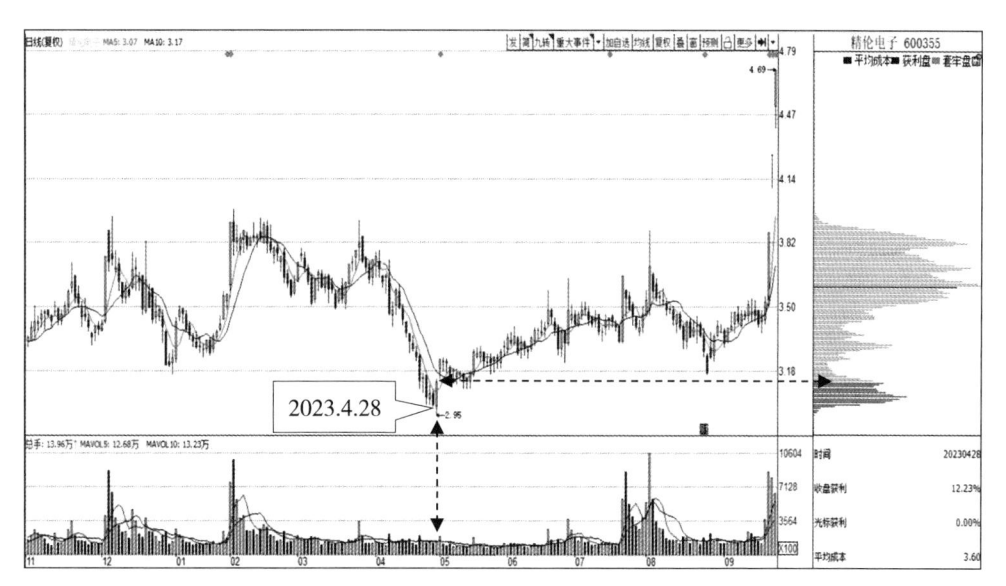

图7-10 精伦电子（600355）筹码峰分布图一

此后，该股开始了长时间的横向盘整走势，如图7-11所示。

经过四个多月的横向盘整后，到8月底，该股的成交量已经从低位开始恢复。观察此时的筹码分布图可知，顶部筹码峰已经消失，所有筹码都聚集在底部区域，这也意味着主力已经完成了吸筹，未来股价上涨的概率很大。

9月20日，该股股价大幅放量拉升，并以涨停报收。其K线远离底部筹码峰的同时，还向上突破了前期高点阻力位，这些都是股价看涨的信号，想要抄底的投资者可积极入场建仓。

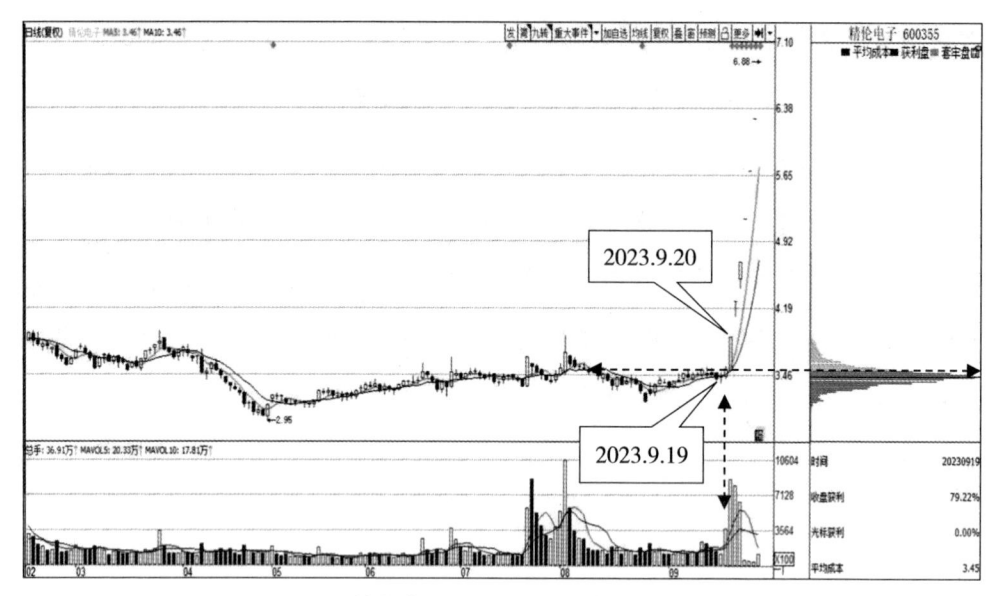

图7-11 精伦电子（600355）筹码峰分布图二

其实想要识别底部筹码单峰是否为主力筹码，还有一个方法，即观察股价：在横盘过程中，当股价大幅振荡时筹码峰的情况。也就是说，若股价大幅振荡，特别是上攻时，筹码峰没有移动，说明该底部筹码峰多为主力筹码，未来股价看涨的概率更高。以精伦电子为例，在股价横盘期间，事实上也存在明显的振荡走势，如图7-12所示。

在2023年7月底到8月初期间，处于横盘期的精伦电子出现了小幅振荡走势。8月2日，该股股价一度冲击涨停板后回落。多数情况下，这都属于明显的诱多行为，主力常常会借机出货，但观察此时的筹码分布图可知，该股的筹码主峰并未随股价的波动而上移。这说明此时的上攻只是主力的一次试探，其仍在专注于吸筹建仓。

二、双峰波段抄底法

双峰波段抄底法的思路是利用股价在底部筹码峰与顶部筹码峰之间的波动，寻找有利的时机进行波段抄底交易。这个抄底抄的也是相对的小型波

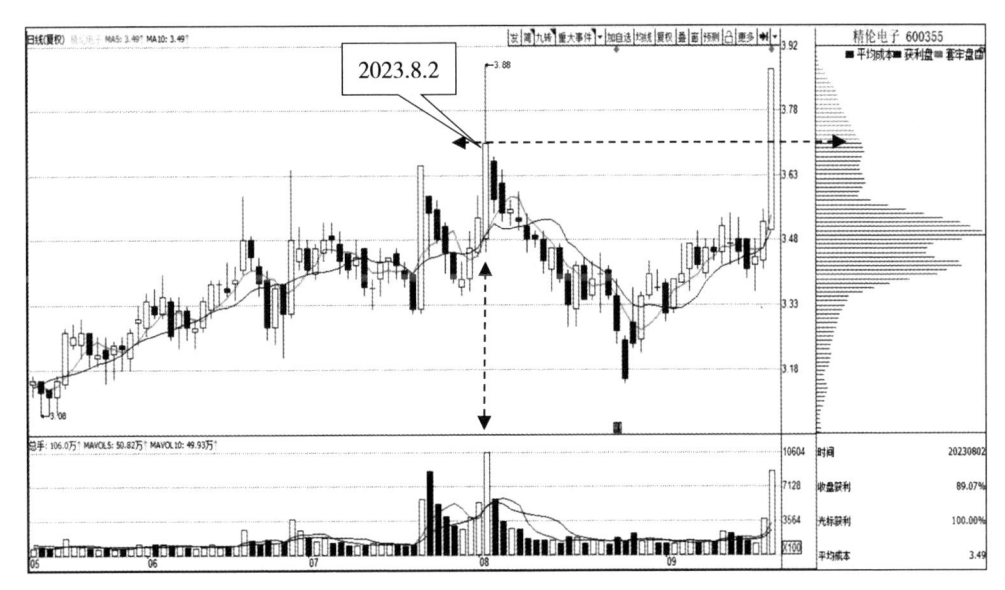

图7-12　精伦电子（600355）筹码峰分布图三

段底部，比较适合短线交易操作。

在具体操作过程中，要注意以下几点。

第一，顶部和底部的筹码峰相距距离较远，这样才会有足够做波段的空间。

第二，顶部与底部的筹码峰相对稳固，不会很快消失，否则就失去了做波段的时间。

第三，双峰填谷之所以出现，还是因为底部入场的筹码并未完全出货。也就是说，主力手中持有一部分低价位筹码，保证了股价底部存在较强的支撑；而高位的筹码并未出清，则意味着有大量的套牢盘在等待股价达到高位后解套，这是股价上行最大的阻力。

第四，基于双峰填谷入场的抄底者需要将离场位置设置在山峰筹码峰下沿的位置，也就是说，当股价来到上方筹码峰附近时，一旦出现上攻遇阻的情况，应该第一时间离场。

下面来看一下昀家科技的案例，如图7-13所示。

昀冢科技的股价在2023年4月出现了明显的筑顶迹象，此后该股股价自高位下跌，一路下行。

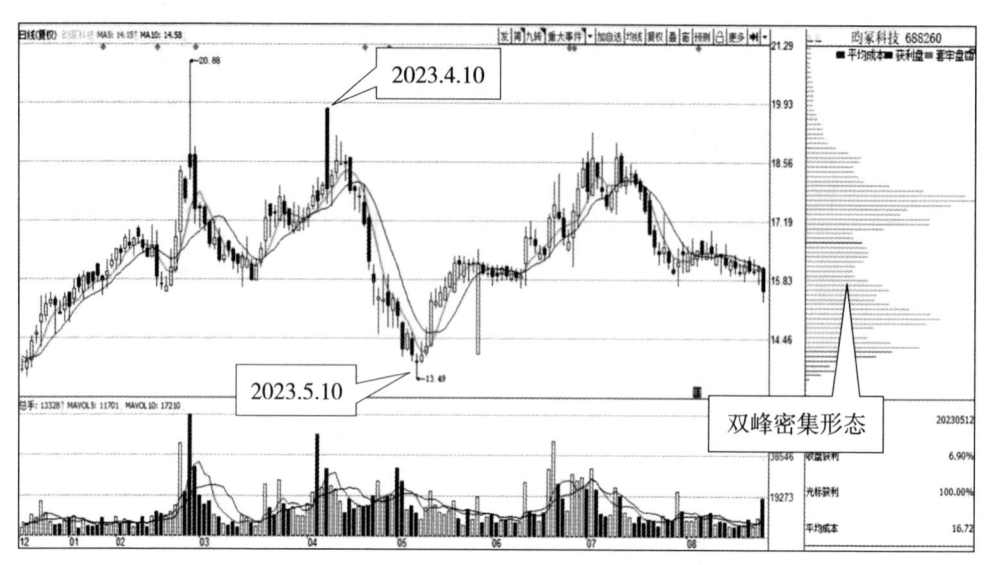

图7-13　昀冢科技（688260）双峰密集形态

2023年5月10日，昀冢科技的股价在到达阶段底部后开始反弹，观察此时的筹码分布图可知，该股在底部区域形成了一个新的筹码峰，并与之前4月10日顶部形成的筹码峰相对应。至此，该股双峰形态正式形成。投资者此时应该清楚，此后若股价出现上攻走势，其顶部筹码峰位置就是明确的阻力位，股价运行至该位置附近时，势必会承受较大的压力。因此，此时抄底入场的投资者要注意两点：第一要合理控制仓位；第二若股价出现上攻疲态，应立即离场。

此后，该股股价出现了一波振荡上涨形态，如图7-14所示。

昀冢科技的股价经过一波上涨后，到达4月10日高点附近，也是顶部筹码峰的核心位置，在该位置承受了较大的阻力，因而出现反向下跌走势。观察此时的筹码峰可知，顶部筹码峰仍然很大。此次突破无效，意味着股价将开启新一波的下跌走势，先前抄底入场的投资者最好清空仓位。

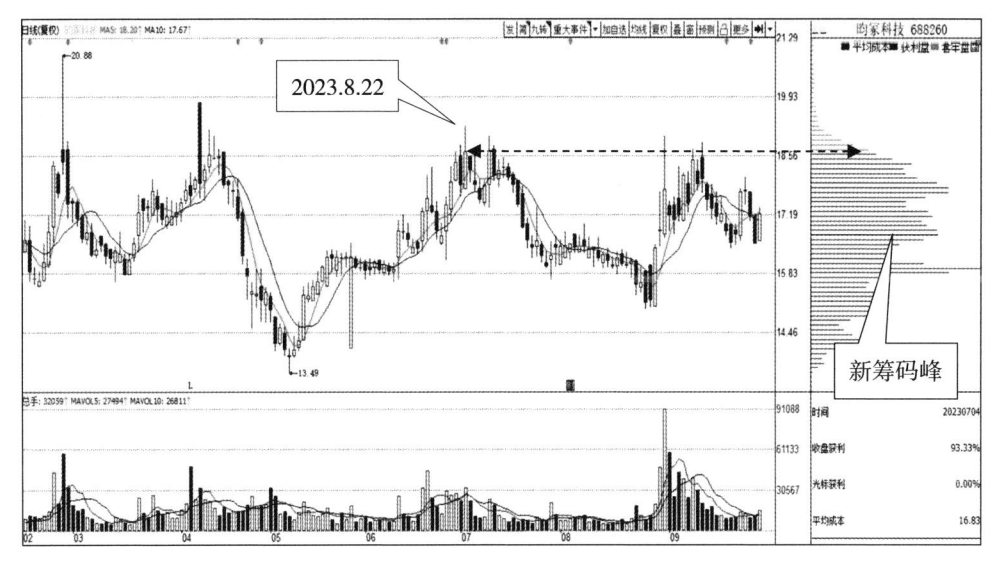

图7-14　昀冢科技（688260）双峰填谷

三、主力"假摔"与筹码抄底法

　　股价经过一段时间的横向整理后，筹码已经开始在底部密集形成筹码单峰。正当所有投资者都认为股价即将启动上升时，主力却反向大幅向下打压股价。很多散户出于恐慌而放弃手中的筹码，而主力则趁机收下筹码后反向向上拉升。这实质上就是一种"假摔"，股价K线短暂回落而形成阶段的U型底部，被称为"黄金坑"或"散户坑"。

　　主力在建仓阶段最担忧的就是大多数散户已经窥探出其后来的操作意图，因而为了确保操作成功，主力往往会反其道而行之，即当散户认为股价要涨的时候，反向做空。当然，由于主力自身已经建仓完毕，他不会将股价向下打压过大的幅度，一般在10%到15%左右。如果打压幅度过小，则无法起到恐吓散户的效果，散户也不会卖出手中的股票；如果打压幅度过大，由于自身仓位较高，再想将股价拉回，困难较大。

　　从筹码分布图来看，主力向下打压股价前，这类股票的底部筹码峰已经形成，且规模相对较大，这是主力建仓接近完成的信号。此后，主力发力向下打压股价，股价K线很可能会跌破底部筹码峰的下沿，给人一种行情走坏的错觉。其后，主力再向上拉升股价，表明打压已经结束。

从理论上来说，这类股票往往是抄底者的最佳选择。该技法的操作要点如下。

第一，股价在盘整一段时间后，突然出现缩量下跌，给人造成一种股价即将下跌的假象。

第二，观察筹码分布图可知，此时筹码并没有大幅下移的迹象，这也意味着主力筹码仍然拿在手中。

第三，股价重新上涨至横盘区域位置，或者出现明显有突破横盘区域的迹象时，投资者可考虑入场抄底该股。

第四，投资者不可在股价从横盘区域开始下跌的途中入场，以免判断错误被套在半山腰。

下面来看一下华海清科的案例，如图7-15所示。

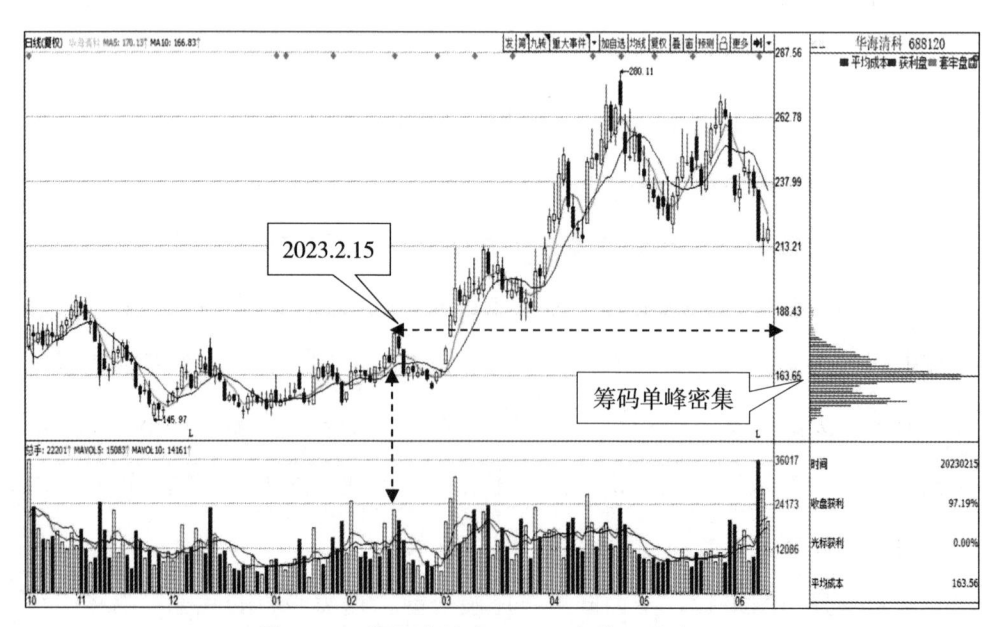

图7-15　华海清科（688120）筹码分布图一

华海清科的股价在2023年2月中旬于止跌后出现了横向盘整迹象。2月15日，该股股价更是出现了上攻迹象。观察此时的筹码分布图可知，此时该股的筹码呈现出底部单峰密集形态，这也是股价向好的迹象。不过，正当投资者认为股价即将上升时，主力却反手向下打压股价。该股股价连续几个交易日出现了缩量大幅下跌走势，给人一种行情即将走坏的感觉。

不过，观察此时的筹码分布图，可以发现另外一种情况，如图7-16所示。

图7-16　华海清科（688120）筹码分布图二

华海清科的股价经过一段时间的下跌之后，在2月27日出现止跌迹象。观察此时的筹码分布图可知，此时该股股价并未跌破底部筹码峰，且未出现筹码下移迹象。这说明股价此时的下跌只是主力的一个假摔，投资者可做好准备，一旦股价出现反弹走势，可立即入场抄底。

3月3日，该股股价向上突破了调整前的高点，且股价已经站到了底部筹码峰的上沿位置。这也是股价即将上升的信号，投资者此时可积极入场建仓该股。

四、回落单峰再出发抄底法

股价在底部盘整一段时间后，筹码会在底部区域密集成一个典型的单峰形态。此后，股价K线脚踩单峰上升。接着，当股价上升一段时间后出现调整时，当其调整至底部主筹码峰附近时，因为主筹码峰的支撑而重新上行，意味着股价将进入新一轮上升行情。

1. 该技术的盘面特征

第一，股价脚踩底部筹码峰上行后，在更高的位置可能会形成一个新的筹码峰，但该筹码峰要小于底部的主筹码峰。

第二，股价自高点回落过程中，成交量应该会呈现明显的萎缩状态。若成交量持续放大，则有突破筹码峰的可能。

第三，股价遇底部筹码峰后重新开始上行，说明底部托盘力量很大，也说明底部筹码峰为主力建仓的筹码，这也是股价未来上攻的基础。

2. 投资者的操盘要点

基于这类股票的运行特点，投资者可有针对性地设计操盘计划。

第一，股价K线遇底部筹码峰支撑后重新启动上攻时，往往就是投资者入场的最佳时机。

第二，股价回调过程中，若跌破了中短期均线而遇筹码峰支撑，重新向上突破这些均线时，往往可以确认上行趋势的成立，可以追加仓位。

下面来看一下荣联科技的案例，如图7-17所示。

荣联科技的股价在2023年6月下旬之前一直在底部横向振荡，而该股的筹码也在此期间加速向底部区域密集，并形成典型的底部筹码单峰。

2023年9月8日，该股股价K线脚踩底部筹码峰大幅上攻。此后，该股股价经过一波拉升后反向进入调整行情。观察该股的走势可知，该股股价在调整过程中，成交量呈现持续萎缩状态，如图7-18所示。

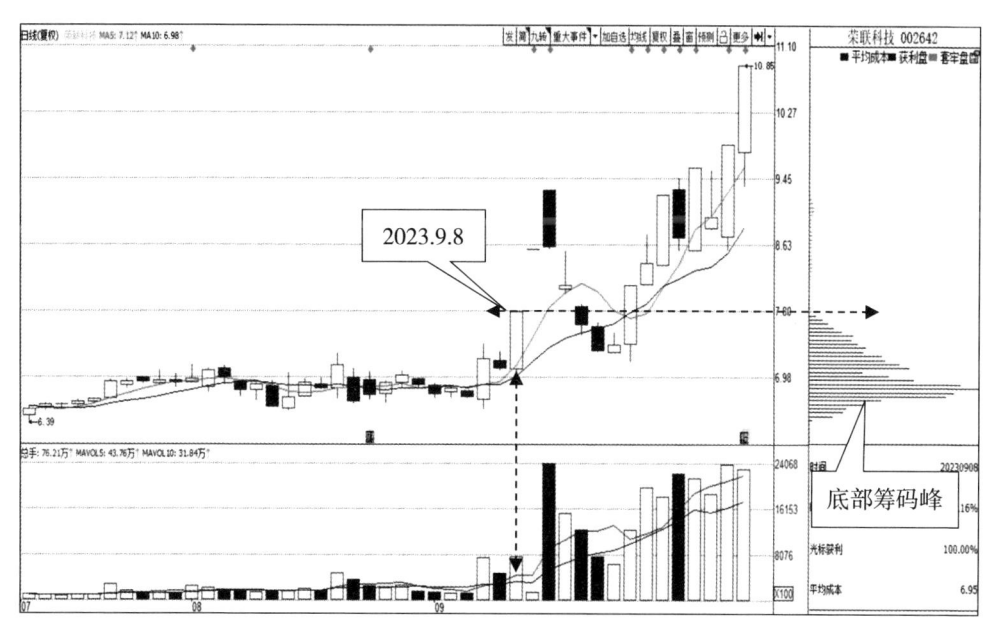

图7-17　荣联科技（002642）筹码分布图一

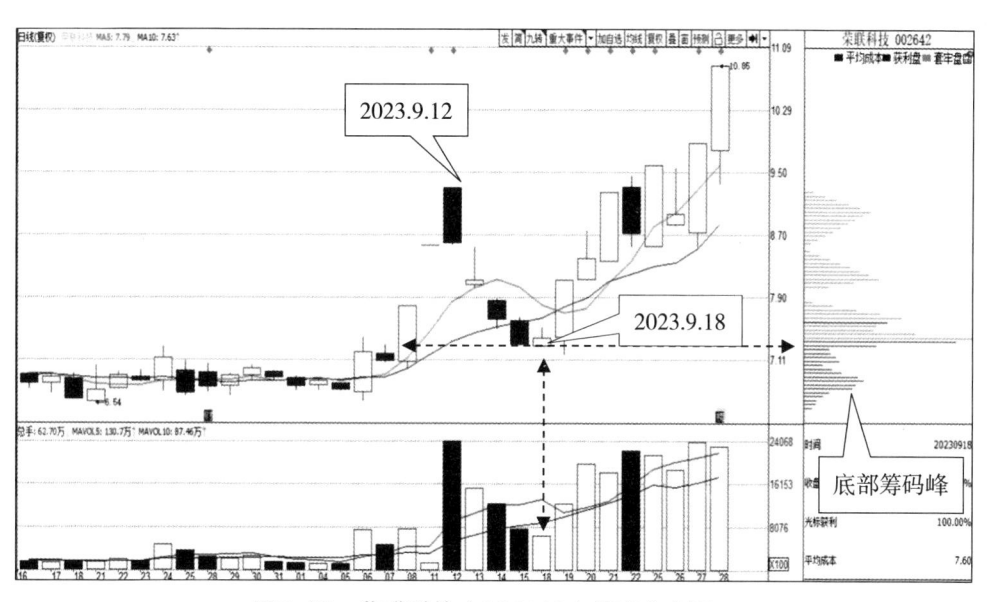

图7-18　荣联科技（002642）筹码分布图二

荣联科技的股价自2023年9月12日出现回调走势，股价K线与成交量同步萎缩。9月18日，该股股价下跌至底部筹码峰附近后，因受底部筹码峰支撑而重新上攻，说明该股股价存在重新上升的可能，投资者可考虑入场建仓。

此后，该股股价经过一波振荡后，重新启动上升走势，投资者可在股价向上突破20日均线后进行加仓操作。

第八章

量价异动抄底战法

成交量是一种市场供需关系的量化表现，是指在单位时间内所达成交易的总量。在股市中，成交量主要使用成交金额和成交手数（1手=100股）来计量。成交量可在分时图、K线图中与股价线同步呈现。

在技术分析当中，成交量具有极其重要的地位，其重要性仅仅排在价格（趋势）之后，成交量与价格也常常被一起用于底部的判断。很多投资者在抄底时，常常通过股价呈现的运行态势与成交量组合分析来进行抄底操作。

第一节　量价异动抄底法的基本原理

成交量是影响股价涨跌的关键因素，是股价上涨的动力和源泉。股价与成交量的关系，就像汽车和油门的关系。油门的大小，决定了汽车前进的速度；同样，成交量的大小，也能反映出股价上涨的力度和可持续性。因此股市中有"量是因，价是果""量在价先"等谚语。成交量放大，市场动力充足，股价很容易上升；反之，成交量萎缩，市场动力不足，股价就容易下跌。这就是股价的重力效应。

股价需要成交量的支撑才能维持在一定的位置，而下跌时却不需要成交量的配合。在不同情况下的成交量及其变化所反映的股市行情差别很大，所以在分析股票时，也不能只关注股价的走势，而忽略成交量的重要性。

一、葛兰碧九大量价法则

美国投资专家葛兰碧（Joseph Granville）在长期成功投资实践的基

础上，创造性地提出了九大量价关系法则，成为量价分析最为重要的理论精华，直到现在仍指导着大众投资者的买卖行为。

（1）第一法则。

股价随着成交量的递增而上涨，这是市场行情的正常特性。此种量增价涨关系，表示股价继续上升。下跌时候不需要成交量的配合，股价可以表现为自由落体。

（2）第二法则。

在一个波段的涨势中，股价随着递增的成交量而上涨，突破前一波的高点，创下新的高价，并继续上涨。然而，此波段股价上涨的整个成交量水平却低于前一波段上涨的成交量水平。即股价创出新高，但成交量却没有同步创出新高，则此波段股价涨势令人怀疑，股价趋势有反转的可能。在下跌行情中也一样，如果股价创新低，成交量却未创新低，则此段跌势令人怀疑。

（3）第三法则。

股价随着成交量的递减而回升，呈现量缩价涨的现象，说明上涨动力不足，一般为趋势即将反转的信号。

（4）第四法则。

有时股价随着成交量的缓慢递增而逐渐上升，然后走势突然演化成垂直上升的喷发行情，成交量急剧增加，造成股价暴涨，紧随其后的却是成交量的大幅萎缩和股价的急速下跌。这种现象表示涨势已到末期，上涨乏力，趋势即将反转。反转的力度将视前期股价的上涨幅度和成交量的放大情况而定。

（5）第五法则。

股价走势因交易量递减而下跌，是十分正常的现象，并无特别暗示趋势反转的信号。

（6）第六法则。

在一波长期下跌行情形成谷底后，股价回升；若成交量并没有因股价上涨而递增，则股价上涨乏力，之后又跌落到先前的谷底附近（或高于谷底）。如果第二个谷底的成交量低于第一个谷底的成交量，则是股价即将上涨的信号。

（7）第七法则。

股价下跌相当长一段时间后，会出现恐慌性抛盘，同时伴随着成交量的放大。恐慌卖出之后，预期股价可能上涨，同时恐慌卖出所创的低价不可能在极短的时间内突破。故恐慌卖出之后往往是（但不一定是）空头市场的结束。

（8）第八法则。

股价下跌，向下突破股价形态、趋势线或移动平均线，同时出现大成交量，是股价下跌的信号，明确表示出下跌的趋势。

（9）第九法则。

当市场行情持续上涨了很长时间（可能长达数月）之后，成交量急剧增加，而股价却只是在高位振荡而没有向上攀升。说明上档抛压沉重，上涨遇到了较强阻力，此为股价下跌的先兆。相反，在股价连续下跌之后，在低位出现大成交量，而股价却没有进一步下跌，仅出现小幅波动，这通常是上涨的前兆，为买进信号。

葛兰碧的量价关系九大法则不仅需要读懂，更需要吃透。下面将这些法则进行归纳，总结成表格，如表8-1所示，方便读者更好地记忆、理解和运用。

表8-1　九大量价法则理解记忆表

行情	内容	信号意义
上涨行情	股价随成交量递增而上涨，为良性上涨	看涨信号
	股价创新高，成交量却未创新高	见顶信号
	股价不断上涨，而成交量却在萎缩	可能的看跌信号
	股价缓慢上涨之后，股价和成交量双双出现井喷行情	反转信号
	股价上涨到高位，成交量激增，股价高位振荡	潜在的看跌信号
下跌行情	股价随成交量递减而下跌，为正常下跌	看跌信号
	长时间下跌形成谷底后，在回升时成交量没有增加，再次跌落到前一谷底附近，却创出更低的成交量	看涨信号
	成交量非常大的恐慌性抛盘之后	可能的看涨信号
	股价跌破股价形态、趋势线或移动平均线，同时成交量放大	看跌信号
	股价下跌到低位，成交量放大，股价小幅振荡	见底信号

葛兰碧的九大量价关系法则对于投资者的行为有一定的指导作用，但并不一定是放之四海而皆准的定律。比如，葛兰碧认为股价上涨的同时伴随着成交量的逐步放大，才是良好的上涨行情，但是在实际操作中却未必如此。因为如果庄家或机构看好某只股票，便会在低位吸筹，锁定较高的仓位，然后才会对股价进行拉升。庄家在拉升过程中会不断买进，但很少卖出，这就造成了市场成交量的萎缩。因此对于这九条量价关系法则，投资者要加以理解、消化，将其变成自己的东西之后再去运用，而不能完全生搬硬套。

二、成交量基础变化：放量与缩量

成交量的每次变化，如放量、缩量，可能都有其深层次的原因。通常情况下，股价上升阶段成交量同步放大属于较佳的形态，而股价一旦回调或下跌，成交量萎缩也是一种正常现象，如图8-1所示。

2023年7月初，圣龙股份的股价放量上涨达到了阶段高点。2023年7月5日，该股收出高开低走大阴线，股价开始下跌，成交量呈现逐步萎缩态势。这说明市场上的投资者基本都认同下跌走势的形成，因而买入者逐步减少，股价将沿着这条下降通道继续运行。

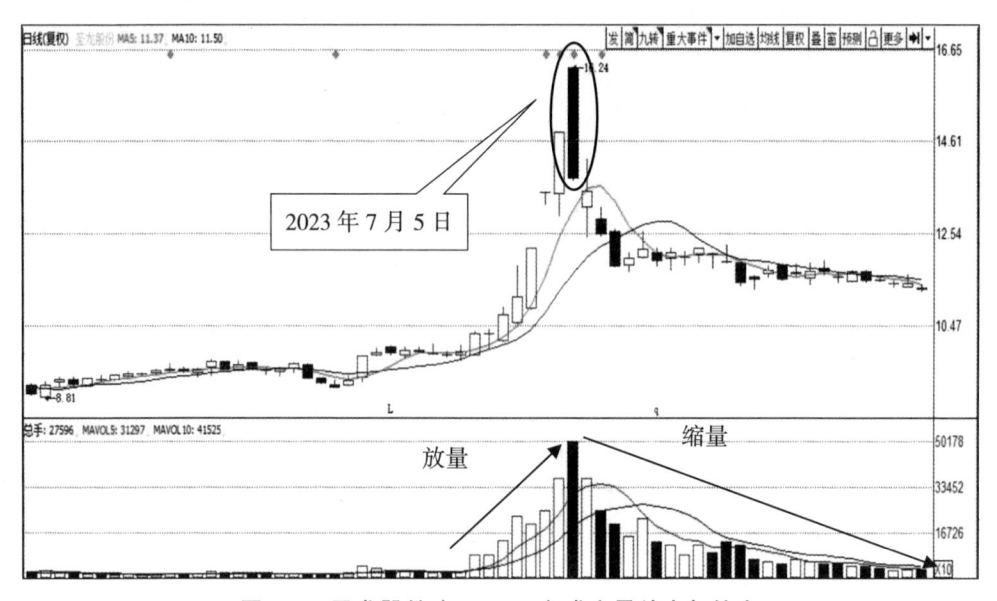

图8-1 圣龙股份（603178）成交量放大与缩小

三、量价基础形态1：量价配合

量价配合是指股价和成交量的变化方向是相同的，因此也称为量价同向，意即在成交量放大的同时，股价呈现上升趋势；在成交量缩减的同时，股价呈现下降趋势。

在股价上涨之时，成交量与股价密切配合，也就是大家常说的量增价涨，说明市场上的众多投资者看好后期走势，多空双方分歧较小，因而交投增多、人气旺盛。在牛市中，这类情况较为普遍。

下面来看一下通化金马案例，如图8-2所示。

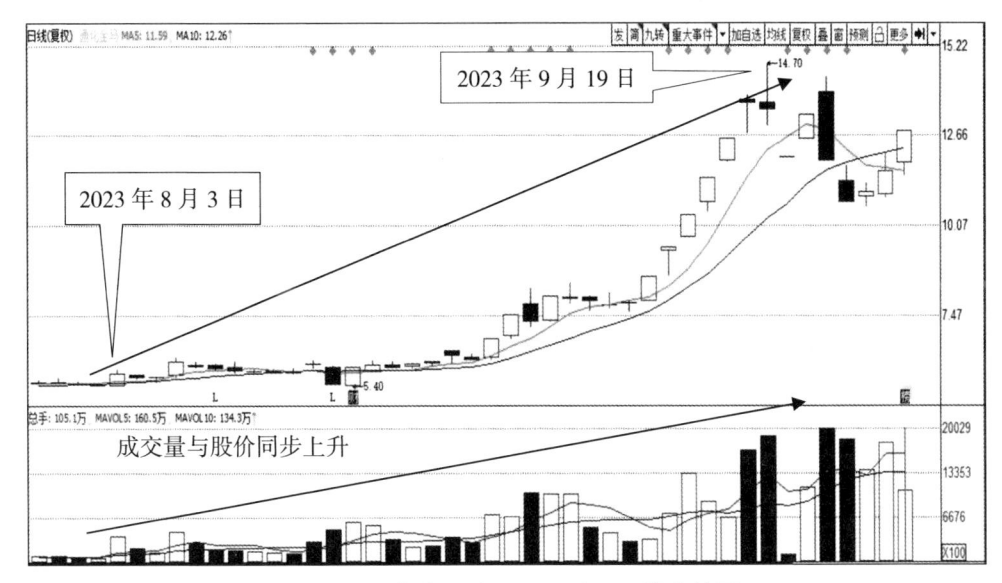

图8-2　通化金马（000766）日K线走势图

通化金马的股价自2023年8月初开始出现了一波振荡上扬走势，成交量同步出现放大态势。股价在上涨过程中偶尔会出现回调走势，成交量在放大过程中也会出现萎缩，但总体上仍处于放大态势。这属于良性的量价配合形态，是股价持续上升的最佳组合形式。

2023年9月19日，该股股价创出阶段最高点后开始回落，当日成交量也达到了一个新高。此后，该股股价开始大幅振荡，成交量却维持在高位，这属于典型的主力出货形态，投资者宜远离这类股票。

在股价下跌之时，成交量与股价出现同向情况，也就是大家常说的量缩价跌，表示愿意参与买卖的人越来越少。这有可能是愿意介入的投资者减少所致，也有可能是持股者的惜售行为所致。所以，股价既有可能继续下跌，也有可能止跌反弹。如果成交量已经极度萎缩（如出现地量），那么止跌的可能性要略高一些。

再来看一下惠威科技的案例，如图8-3所示。

惠威科技的股价自2023年5月中旬开始出现一波振荡下跌趋势，成交量

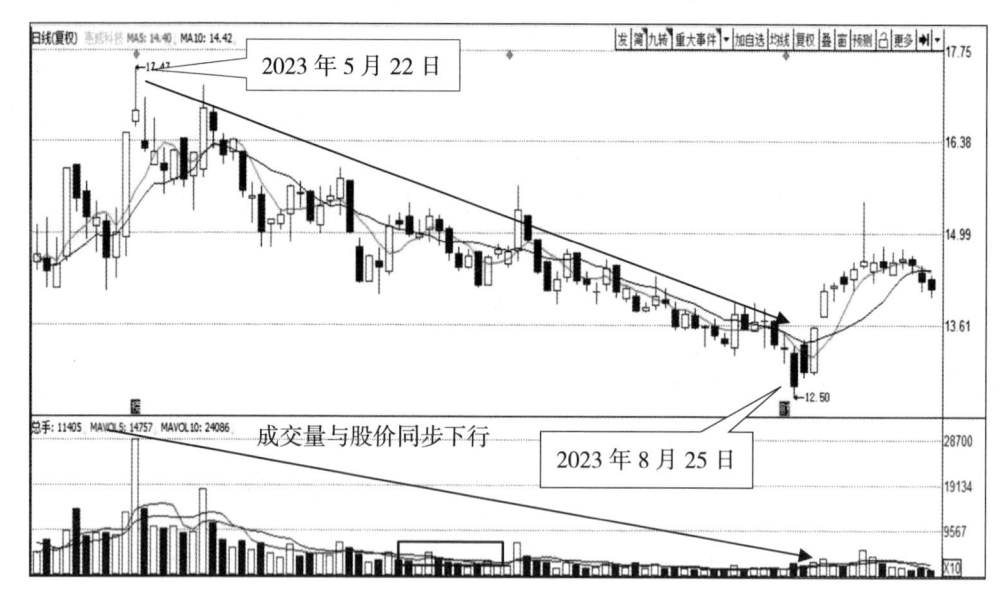

图8-3 惠威科技（002888）日K线走势图

同步出现萎缩态势。股价在下跌过程中偶尔会出现反弹走势，成交量在萎缩过程中也会出现放大，但总体上仍处于萎缩态势。

2023年8月25日，该股股价创出阶段最低点，而成交量却反向出现放大态势，至此，量价同步下行趋势终结。此后股价出现振荡反弹，成交量也同步放大。

之后，随着股价逐渐转入上涨趋势，成交量也同步出现放大态势，这就属于较佳的量价配合状态。

四、量价基础形态2：量价背离

量价背离是指股价和成交量的变化方向是相反的，因此也称为量价反向，是指在成交量放大的同时，股价却在下跌；或在成交量缩减的同时，股价却在上涨。量价背离，意味着股价可能会出现一种与原来运行趋势相反的新趋势。

量价背离形态经常在上升趋势和下跌趋势的尾声出现，也是用以提醒投资者股价运行趋势可能到来的反转，如图8-4所示。

经过一段时间的上涨之后，罗博特科于2023年6月12日到6月21日出现了量缩价涨现象。这种现象出现在一段较大的涨势之后，是见顶信号，此后该股开启了一波下跌行情。

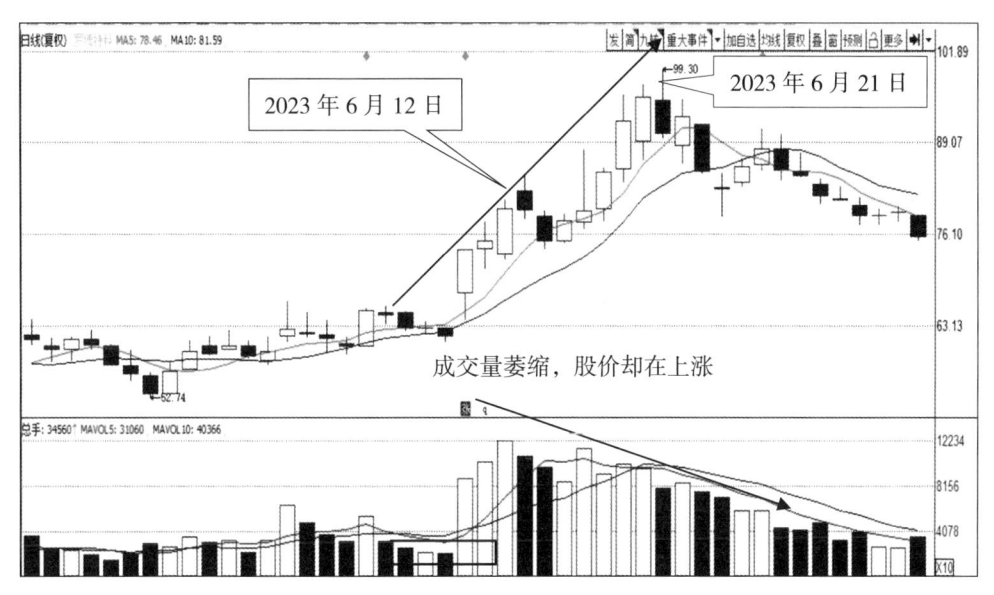

图8-4 罗博特科（300757）日K线走势图

在股价下跌之时，成交量没有同步缩小，也就是大家常说的量增价跌，说明市场上的众多投资者看淡后市，因而急于卖出股票。这种现象往往是大跌的先兆，如出现在高价区，有见顶意味，如出现在熊市中，则会引发新一波抛售行为。

如图8-5所示，2023年2月16日到2月20日，欣旺达的股价出现了量增价跌现象。这种量价背离现象表示股价正在加速下跌。

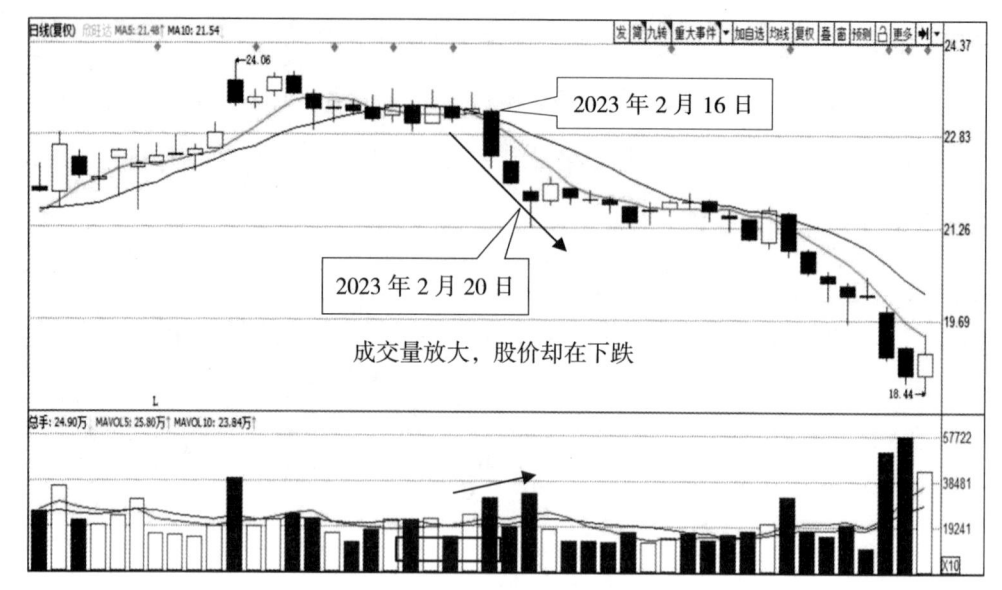

图8-5　欣旺达（300207）日K线走势图

第二节　量价异动与股价趋势

成交量的大小直接表明了市场上买卖双方对某一时刻股价最终的认同程度。从成交量的变化中，投资者可以发掘市场趋势的发展方向，这也是投资者进行抄底所依据的基础技术分析。

一、成交量放大与新趋势的形成

放量一般出现在投资者对后市的看法产生了较为严重的分歧之时：这时一部分人因为看空后市而减仓或平仓，将手中的股票不断抛出；另一部分人却因看好后市而纷纷建仓或者加仓，进行大手笔的吸筹活动。股票放量与新趋势的形成，存在一定的关系，其操盘要点如下。

第一，当股价上涨时，成交量同步出现放大，投资者可继续持有股票，当成交量无法再继续放大时，即可卖出股票。

第二，当股价下跌时，成交量同步出现放大态势，投资者要迅速卖出股票离场。

第三，成交量如果放出巨量，则表示市场趋势发生反转的概率很大。通常，在高价区放巨量是卖出信号，在低价区放巨量是买进信号。

第四，通常情况下，在一波趋势的尾声，成交量往往会趋于萎缩，而另一波趋势启动时，成交量则会出现放大，以确认新趋势的产生。自底部区域启动上升趋势时，这一点会表现得非常明显；相对而言，自顶部区域启动下降趋势时，表现得可能不会那么明显。

下面来看一下菱电电控的日K线走势图，如图8-6所示。

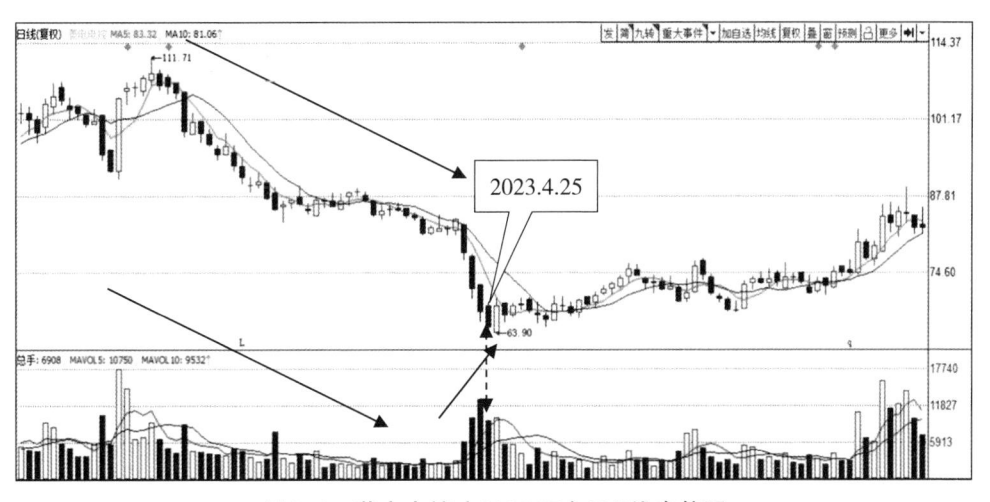

图8-6　菱电电控（688667）日K线走势图

自2023年2月中旬，菱电电控的股价一直呈振荡下跌态势。在股价下跌过程中，成交量也同步呈现出萎缩态势。这说明此时市场上的交易者普遍看空后市，没有人愿意入场交易。

到2023年4月下旬，处于下跌途中的菱电电控的股价突然出现大幅下跌态势，不明真相的投资者夺路而逃。其实，此时出现的价跌量增形态，恰恰是主力开始入场的时机。这么大的成交量，没有主力参与是不可能的。此种形态的出现，往往是处于下跌途中的股票的"最后一跌"。此后，该股股价经过一波盘整，迎来了振荡上升走势。

二、成交量萎缩与趋势的尾声

缩量一般出现在趋势的前期和中期，表明大部分人对市场的当前走势和后市行情有相同的看法，意见十分一致。

第一，在下跌行情中出现缩量，说明投资者都看淡后市，因而卖的人多、买的人少，造成了成交量的缩减。投资者遇到这种情况最好马上出局，等成交量萎缩到一定程度开始放量上涨时再买入。

第二，在上涨趋势中出现缩量，说明投资者都看好后市，因而买的人多、卖的人少，同样也使成交量有所下滑。遇到这种情况，投资者可以适量买入，等股价上冲到高点有巨量放出时再卖出。高位的巨量有趋势终结的含义，而此时并不能确认新的趋势将会形成。

第三，通常情况下，在下降趋势中，成交量萎缩至极点水平时，往往是股价新的趋势即将展开的时刻。其实，这也是大家通常所说的物极必反的道理。比如当股价持续走低时，入场买入的人就会减少，成交量会继续走低；但是若股价下跌至大家都能接受的位置时，就会有新的资金介入，从而推动股价上行。

下面来看一下双鹭药业的案例，如图8-7所示。

2023年下半年，双鹭药业的股价自顶部区域开启了一波下降趋势。该股股价在振荡下跌过程中，成交量持续萎缩。到2023年8月25日，该股股价创出阶段新低后开始横向盘整。不过，此时该股股价并未出现反转迹象，成交量仍继续走低。

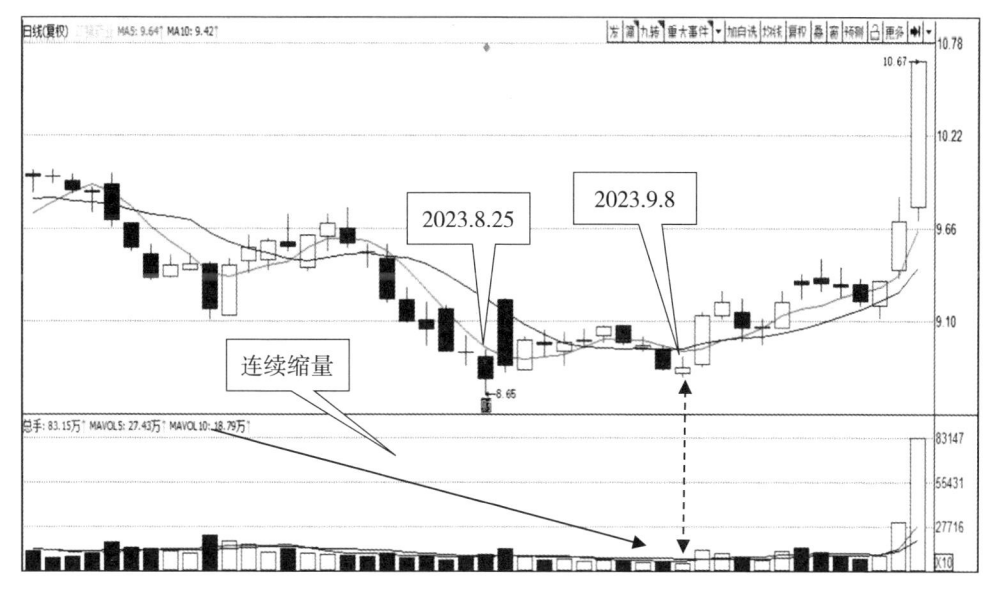

图8-7 双鹭药业（002038）缩量上升走势图

9月8日，双鹭药业的股价以小阳线报收，成交量达到一段时间内的新低。此后的一个交易日，该股股价开始反攻，成交量同步放大，说明该股下降趋势有结束的可能，未来有出现新的上升趋势的可能。

三、成交量极值与趋势拐点

在成交量领域，极值包括天量与地量两种。通常情况下，成交量极值的出现，往往会与股价运行趋势拐点同步。当然，这里的同步并不意味着成交量出现极值的当日，股价也会在当天出现拐点，只是可能在该日附近出现。

1. 天量与上升趋势的终结

天量是指大盘或个股在某个交易日内的成交量创下了这轮上涨行情的最大成交量。上升趋势中，天量的出现通常预示着本轮上升趋势的终结。其操作要点如下。

第一，在持续的上涨行情中，成交量持续放大，甚至出现了井喷行情，表示股价处于上升趋势的高位，投资者要提防股价上升趋势的终结。

第二，当股价的上升趋势已经持续了一段时间，某一交易日成交量出现异常放大，远远超过了平日的成交量水平，此时往往意味着股价有见顶的可能。倘若其后股价与成交量同步回调，则意味着本轮上升趋势可能已经终结。

第三，当股价处于低位时，某一交易日突然放出巨量，如果没有特别利空的消息，则表明该股将发动一波上涨。当然，投资者还要防止主力的诱多行为。上升趋势不是一天确立的，也不是一天能走完的，因而投资者不能见到低位放量就认为上升趋势确立，而要继续观察其后股票价格的走势再做判断。

下面来看一下炬芯科技的案例，如图8-8所示。

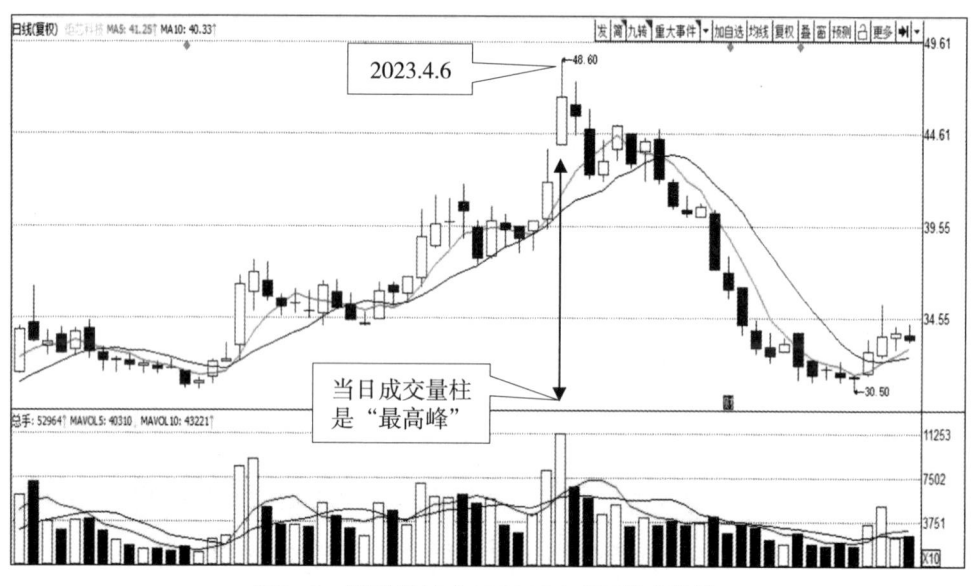

图8-8 炬芯科技（688049）日K线走势图

炬芯科技的股价在2023年上半年出现了一波上涨行情。随着股价的上涨，该股的成交量逐渐放大，特别是在2023年4月6日，该股成交量出现了天量形态。当日股价也在创出阶段新高后回落，这就意味着该股有走出"天量见天价"的可能。天量形态的出现，说明该股的上涨动能可能被透支，如果未来成交量不能再创新高，则预示着股价上升趋势的终结，未来股价将会走低。其后，该股出现了一波振荡下跌走势。

2. 地量与下降趋势的终结

地量是指大盘或个股在某个交易日内的成交量创下了这轮下跌行情的最小成交量。下降趋势中，地量的出现通常预示着本轮下降趋势的终结。其操作要点如下。

第一，在持续的下跌行情中，成交量持续萎缩，表示股价处于下跌趋势的低位，投资者要提前为股价下降趋势的终结做些准备。

第二，当股价的下降趋势已经持续了一段时间，某一交易日成交量出现异常萎缩，远远低于平日成交量水平，此时往往意味着股价有见底的可能。倘若其后股价与成交量同步回升，则意味着本轮下降趋势可能已经终结。

第三，当股价处于高位时，某一交易日股价出现回调，且成交量同步出现极低值，则很有可能仅仅属于上升趋势的调整，投资者仍可放心持股。

下面来看一下汇纳科技的案例，如图8-9所示。

图8-9 汇纳科技（300609）日K线走势图

汇纳科技的股价从2022年3月开始一路下跌，走出一波长达几个月的下跌行情。在2022年9月期间，该股股价的下跌开始加速；与此同时，该股的成交量也出现显著的下降，一度达到一段时间以来的最低值。2022年10月11日，该股的成交量创下一段时间内的极低值，预示着该股股价的下降趋势有终结的可能。此后，该股股价和成交量同步回升，投资者可以逐步考虑抄底建仓该只股票，以博取未来股价上涨带来的收益。

四、低位放量大阳线

大阳线又称长阳线，表示股价从开盘到收盘有一个很大的涨幅，通常收盘价与开盘价之间的波动范围在6%以上。单日大阳线实体理论上的波动范围可达当日开盘价的20%，即开于跌停位，收于涨停位。由于实体较长，所以大阳线一般只有很短的影线或者没有影线。大阳线出现在低价位区域，通常是看涨信号，表示多方力量正在强势介入，也是股价运行趋势转向的一个明确信号。

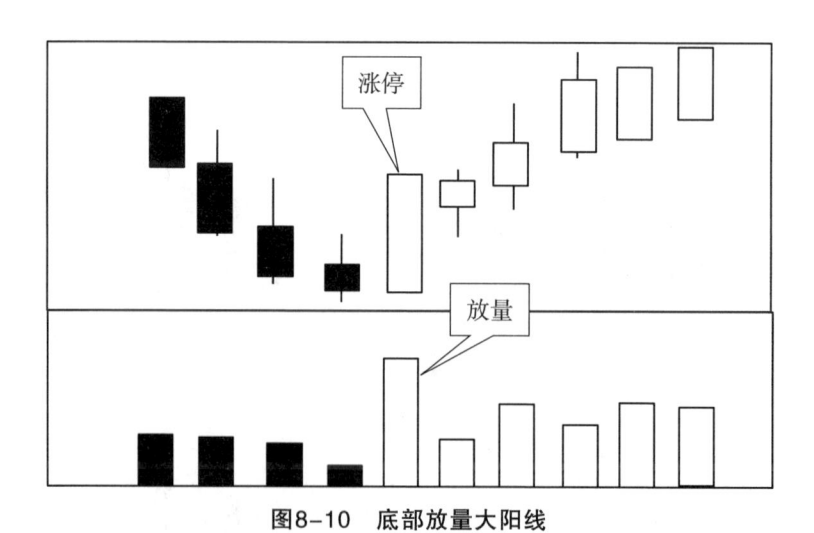

图8-10　底部放量大阳线

低位放量大阳线出现之前，股价一般经过了一轮较大的跌势，且下跌的势头已经明显减弱。这时，原来在观望的投资者认为股价已经触底，因此纷纷进场买入，股价开始上涨。股价的回升吸引了更多的投资者介入，而前期套牢盘也开始补仓。在大家的努力下，股价最终被推到某一高价位，甚至封在了涨停板上。当天成交量较前一日有明显的放大迹象，有时刚开盘没多久，换手率便高过了前一日的换手率。这种走势是股价加速上涨的先兆。

当股价经过一段时间的下跌或底部横盘之后，突然收出放量大阳线，表示多方力量已经控制了市场，市场正在由弱转强。当天买方疯狂涌进，不限价买进，市场出现供不应求的状况。出现这种走势，也可能是庄家通过自买自卖的倒手来故意做盘，以使股价迅速脱离下方的密集成交区，避免更多的跟风盘来坐轿搭车。如果前期有较长时间的横盘整理走势，则更能说明庄家的拉升意图。其操作要点如下。

第一，在低价区或是股价下跌了一段时间之后出现大阳线，表示多方力量突然爆发，股价有见底回升迹象，这时投资者可适量买进。

第二，当股价处于低价位区域，如果某个交易日，股价在开盘后迅速上涨，中间几乎没有停顿，那么投资者可以在涨幅达到6%时果断跟进。当天没来得及买入的投资者可以在次日追涨买入（如次日股价下跌，则应保持观望）。

第三，如果在形成低位大阳线的同时，股价突破了前期的阻力位，则是明确的买入信号，投资者可以果断买入。

第四，参照大阳线买入股票的投资者应该把大阳线的最低价设为自己的止损位，一旦股价跌破该价位，投资者就应果断卖出。

下面来看一下塞力斯的案例，如图8-11所示。

2023年6月12日，塞力斯的日K线图上出现了低位放量大阳线形态。

2023年3月中旬，塞力斯的股价自反弹高点回落，经过三个月的下跌之后，成交量已经明显萎缩，呈现出地量现象。

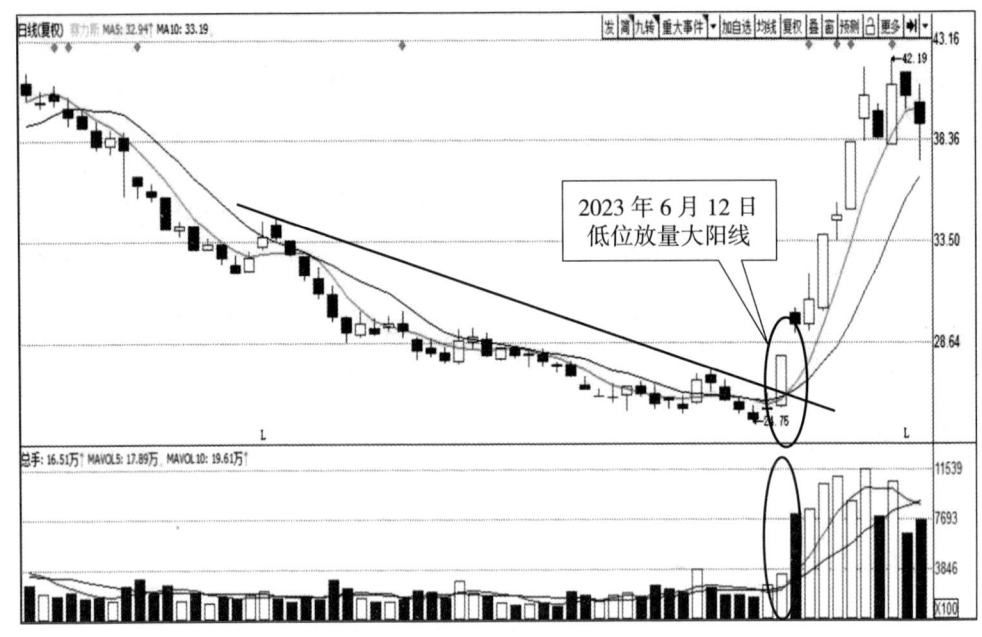

图8-11 低位放量大阳线：塞力斯（601127）

2023年6月12日，该股在低开后迅速走高，成交量也迅速放大，开盘一个小时左右更是被封在了涨停板上。看到这种情形，投资者可以在盘中适量买入。当天的成交量相比前一交易日出现了明显的放大，且股价突破了下降趋势线，这种放量突破的走势更有效地说明了该股将加速上扬。接着，该股高位整理了两个交易日后，重新开始了上涨。

五、底部缩量大阴线

大阴线又称长阴线，表示股价从开盘到收盘有一个很大的跌幅，通常收盘价与开盘价之间的波动范围在6%以上。单日大阴线实体理论上的波动范围可达当日开盘价的20%，即开于涨停位，收于跌停位。由于实体较长，所以大阴线一般只有很短的影线或者没有影线。大阴线通常是看跌信号，但是当它出现在深度下跌之后的低位，且成交量不是很大时，则是空方力量衰竭的象征。

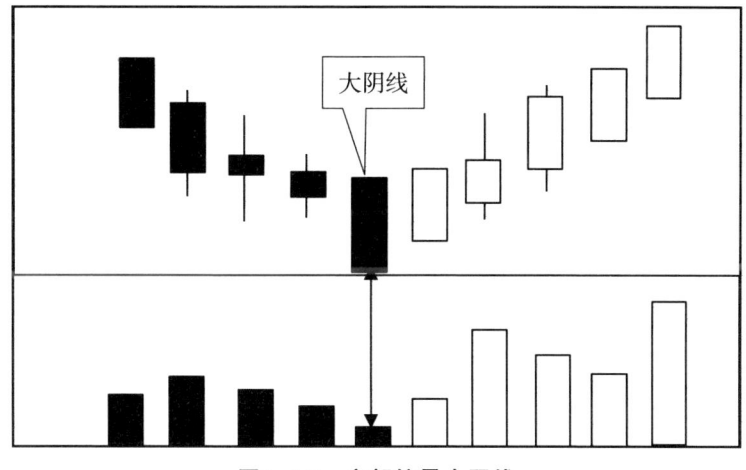

图8-12　底部缩量大阴线

股价经过一段时间的下跌之后，跌势仍然没有改变的迹象，但成交量却已经极度萎缩。在某个交易日，股价开盘后一路走低，最终形成了一根实体很大的大阴线。但是当天的成交量没有明显的放大迹象，仍然保持在一个相对较小的水平。出现这种走势时，投资者就要注意查看股价是否接近或已经到达底部了。

当股价经过连续下跌或是已经下跌了较长的时间，到达相对低位附近，这时出现一根低量大阴线，说明空方仍在打压股价，但更多的投资者则选择了观望。这时市场上的看跌情绪已经有所减弱，卖盘力量似乎即将消耗殆尽。股价的下跌势头将减弱，不久就会触底，甚至可能直接进入横盘整理或是上涨行情。

这种走势也可能是庄家在故意打压股价，震慑仍然持仓的散户，以达到在底部吸货的目的，因此投资者要小心这种诱空陷阱。如果股价之后出现横盘振荡整理，则庄家用"最后的大阴线"进行洗盘的用意便昭然若揭。其操作要点如下。

第一，当股价在大跌之后出现一根大阴线，而市场上卖盘并不多，这时虽然不能判定行情即将逆转，但投资者至少应看出股价快要到达底部。此时投资者不宜继续看空，卖出股票更是不明智的。

第二，在底部大阴线出现后不久，如果股价开始回升，那么投资者可以在股价有效突破大阴线的最高价时适量买入。

第三，底部大阴线出现后，行情一般会进入横盘振荡整理阶段，这时投资者应保持观望姿态，不要盲目介入。

下面来看一下铁流股份的案例，如图8-13所示。

图8-13 底部缩量大阴线：铁流股份（603926）

自2023年2月中旬开始，铁流股份的股价启动了一波长时间的下跌走势。2023年4月中旬，该股股价在延续了之前跌势的基础上出现了大幅下挫走势。喜欢抄底的投资者需要注意，在下跌尾声的急跌往往可能是股价的最后一跌。

2023年4月25日，该股股价再度低开低走，在触及短期低点后反弹向下，在K线图上留下了一根带长下影线的大阴线。观察当日的成交量可知，当日成交量相比前一交易日出现了大幅的萎缩。这说明当日的走势离底部更近了一步，此后该股开始了一段振荡整理走势。

次日，该股在早盘低开后迅速被拉升，并以大阳线报收。这更加说明先前的缩量大阴线就是股价的"最后一跌"。

第三节　量价异动抄底法的实操技巧

量价抄底技法，在所有抄底技法中属于最为基础的技法，但有时又可能是最有效、成功率最高的技法。

一、早晨之星抄底法

早晨之星又称晨星、启明星，一般出现在一段下跌行情的底部。该形态是由三根K线组成的，首先是一根实体较长的阴线，紧随其后的是一根实体非常小的星线，且其实体与前一天的实体之间形成了一个向下的跳空缺口。最后收出一根实体较长的阳线，它的收盘价位于第一根阴线的中部以上。早晨之星是较为可靠的反转信号，见到此信号后，投资者可以考虑适量买进。

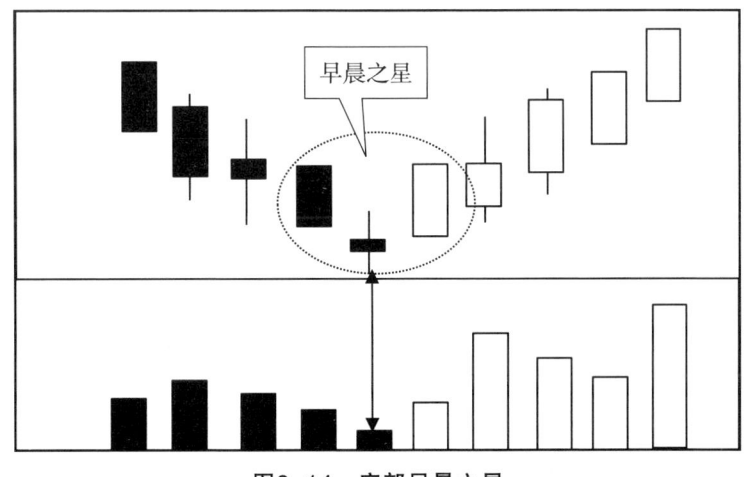

图8-14　底部早晨之星

股价在下跌走势中继续下行，第一天收出中阴线或大阴线，第二天则收出一根星线，这根星线可以是小阳线，可以是小阴线，也可以是十字线，但其要与前面的阴线实体之间有向下的跳空缺口。第三天收出一根中阳线或大阳线，且其实体已经深入到第一天的阴线中部以上甚至将其完全覆盖。在形成早晨之星形态的同时，成交量有可能逐渐增大，也有可能逐渐缩减。更多的情况下，成交量会先缩后放，柱线呈现"凹"字形。

早晨之星就像黎明前出现的启明星一样，在指示投资者市场即将迎来光明，股价在不久之后将会上涨。第一根实体较长的阴线出现时，市场正处于下降趋势中，这时空方力量仍然占据着主导地位，这种走势引发市场惊慌，造成部分持仓者低位抛售。第二天，一开始做空力量依然很强，所以造成股价跳空低开，但这时多方已经开始进入市场，所以当天收出一根实体较小的星线，表示市场正处于不确定状态中。如果当天收阳且成交量有放大迹象，则表明多空双方已完成转换。第三天的阳线实体相对较大，使股价回到了第一天的开盘价附近。这说明多方力量已经超越了空方力量，在一定程度上控制了市场。其具体操作要点如下。

第一，早晨之星诠释了此消彼长、由空向多的行情变化过程，是非常重要的底部信号。看到该形态后，持股者不宜贸然卖出，而持币者可以考虑买入。

第二，投资者买入的时机可以选择在早晨之星第三根阳线形成的当日，如果当日没有买入，则可以选择次日建仓。

第三，以早晨之星为参照买入股票的投资者，应该将止损位定在中间星线的最低价上。

第四，早晨之星中间的星线可以衍生出纺锤线、锤子线、倒锤线、十字线、T字线、倒T字线等不同的变化，当中间星线是十字线时，就形成了早晨十字星形态，其见底回升的意义更为明显。

第五，第三天的收盘价相对于第一根阴线的位置越高，则后市上涨的可能性越大。

第六，第三天收出阳线时，成交量越大，反转信号的可靠性越强。

第七，如果中间的星线与前后两根K线的实体之间均有跳空缺口，则看涨信号的强度更高。若中间星线的最高价与前后两根K线的最低价之间都有价格跳空，则构成了底部弃婴形态，具有更为重要的底部意义。

下面来看一下星网宇达的案例，如图8-15所示。

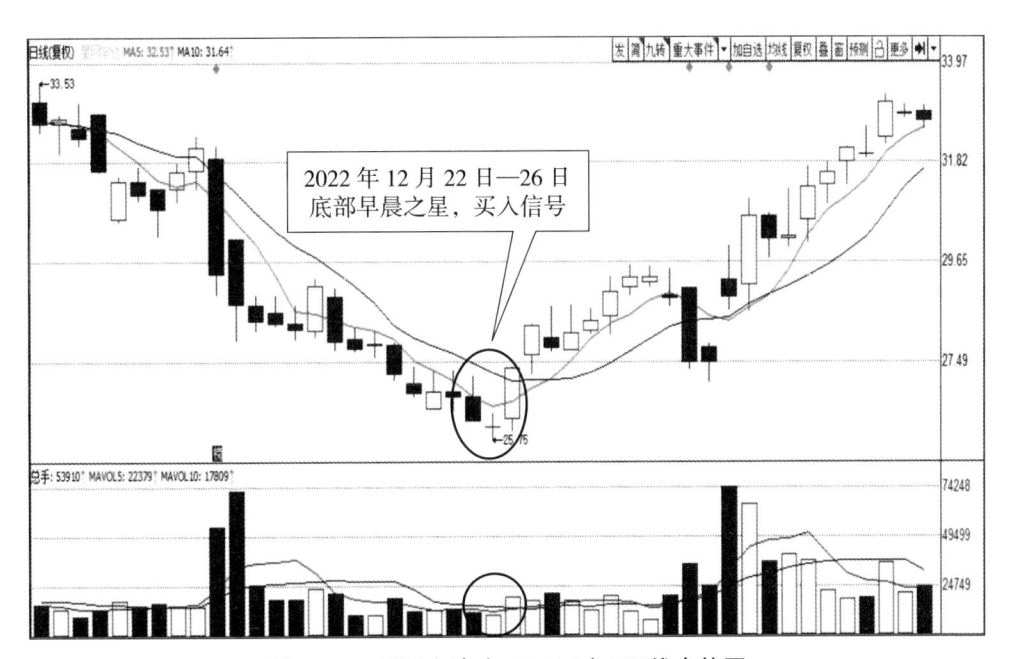

图8-15　星网宇达（002829）日K线走势图

2022年12月22日—26日，星网宇达的日K线图上出现了早晨之星形态。

这个早晨之星出现在一段下跌趋势之后，中间的星线实体很小，与前后K线实体均有跳空缺口，因而是较为强烈的看涨信号。

2022年12月26日，该股高开后一路走高，说明早晨之星形态即将形成，股价将进入上涨行情。基于之前股价已经经历了长时间的下跌，此时的早晨之星形态就可以看作一个强烈的趋势反转信号。想要抄底的投资者，可在该形态成立时，第一时间分批入场建仓该股。

二、放量假阴线抄底法

底部放量假阴线，是指股价在底部形成后，已经开始显露某种上攻迹象，某一交易日股价跳空高开低走，收出一根放量假阴线。此后，若股价能够突破假阴线的最高点，则意味着股价正式开始进入上升通道。这种形态属于典型的主力洗盘信号，同时也是投资者抄底入场的重要参照和依据，如图8-16所示。

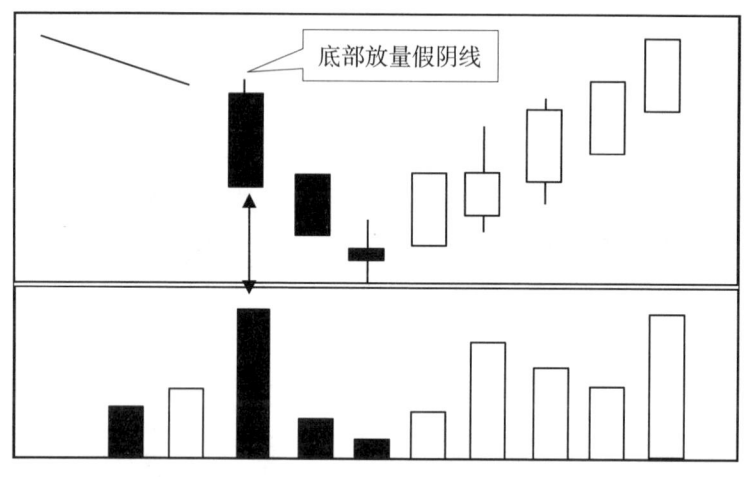

图8-16 底部放量假阴线形态

底部放量假阴线形态的典型特征如下。

第一，股价经过一段时间的横向振荡之后，出现振荡上升势头或在某些利好消息刺激下，股价大幅高开后出现回落态势，在K线图上留下一根假阴线。

第二，假阴线出现当日，成交量出现异常放大，给人一种主力出货的感觉。

第三，此后该股股价经过几个交易日的调整，一般在某一中期均线位置或其他重要点位获得支撑后，重新开始上升。

第四，该股股价在获得支撑或无力继续下跌时，喜欢抄底的投资者可考虑第一批次入场建仓。

第五，此后若股价继续走高，在其向上突破假阴线最高点时，可考虑加仓买入。

下面来看一下创维数字的案例，如图8-17所示。

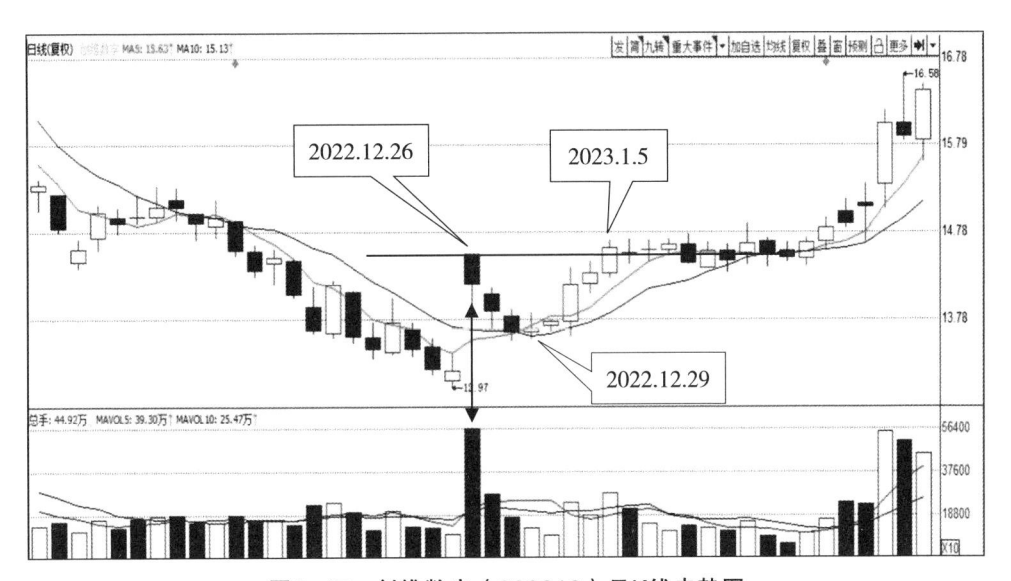

图8-17　创维数字（000810）日K线走势图

创维数字的股价从2022年8月开始展开了一波下跌走势。到2022年12月中旬，该股股价的跌势有加速迹象。12月26日，该股股价出现明显的止跌迹象。此后，因受收购利好消息刺激，股价大幅高开后低走，走出了放量大阴线形态。

2022年12月29日，该股连续缩量下跌至10日均线附近时，因受均线支撑而小幅走高。想要抄底的投资者可在此时少量建仓该股。

此后，该股股价持续振荡走高，并在2023年1月5日向上突破了2022年12月26日的高点。这意味着该股股价新的上升趋势已经确立，投资者可考虑加仓入场。此后，该股股价经过几个交易日的横向盘整后，正式发起了新一轮上升行情。

三、缩量三连阴抄底法

缩量底部三连阴，是指股价在底部横盘一段时间后，连续收出三根缩量阴线，给人一种股价即将向下突破的感觉，而后再反向上攻，并借以开启一波上升行情。该形态常常被主力在筹码收集结束时用来恐吓散户，在股价被大幅拉升前，逼散户交出手中带血的筹码。这种形态属于典型的趋势反转信号，也是投资者抄底入场的重要参照和依据，如图8-18所示。

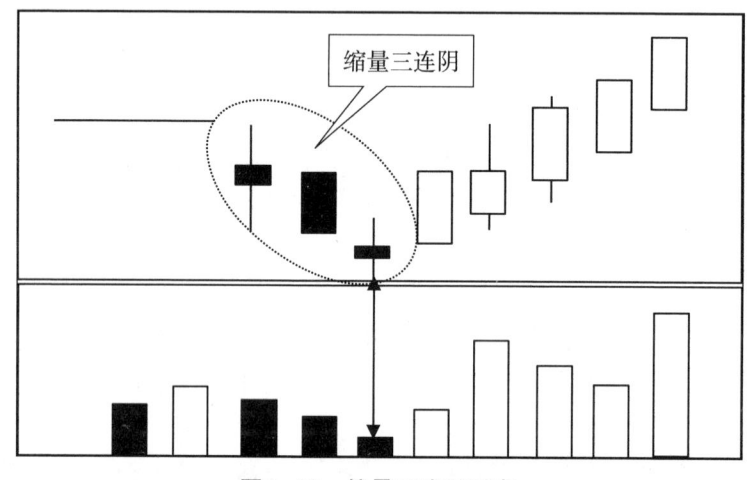

图8-18 缩量三连阴形态

缩量三连阴形态的典型特征如下。

第一，股价经过一段时间的横向振荡之后，突然连续收出三根阴线，其中不含假阴线或假阳线。

第二，随着股价的下跌，成交量呈萎缩状态，说明主力并未真正离场。

第三，此后，该股股价能够很快重新站到下跌起始位以上，说明主力已经完成了最后的洗盘，股价将迎来一波新的拉升，投资者可积极入场追涨该股。

第四，股价此后若不涨反跌，一旦跌破了三根阴线的最低位，可考虑止损卖出。

下面来看一下新亚制程的案例，如图8-19所示。

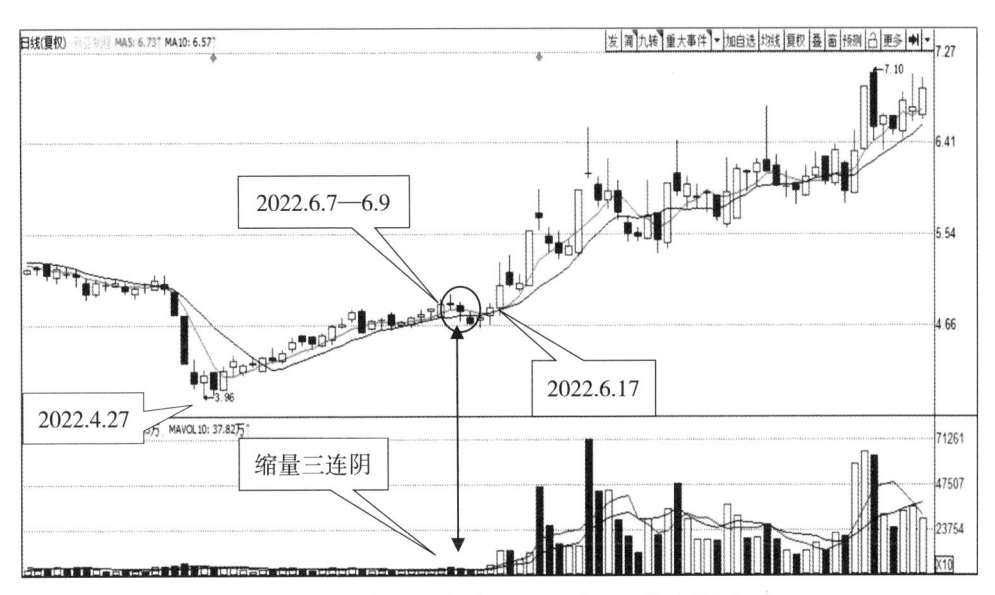

图8-19　新亚制程（002388）日K线走势图

新亚制程的股价从2022年3月开始展开了一波下跌走势。到2022年4月下旬，该股股价的跌势有加速迹象。4月27日，该股股价出现了明显的止跌迹象。此后，股价走出了横向振荡态势。

2022年6月7日到6月9日这三个交易日，该股走出缩量三连阴形态，给人一种股价即将出现下跌走势的感觉。投资者宜保持谨慎。

6月17日，新亚制程的股价收复三连阴下跌前的位置。这说明缩量三连阴形态基本成立，投资者可考虑入场抄底建仓。只要股价没有跌破三连阴的最低价，投资者就可以继续持股。

四、量价双包抄底法

量价双包是指成交量与股价双双走出包容线，即股价某日的K线完全包容了前一交易日的股价K线；成交量某日的柱状线也同时包容了前一交易日的柱状线。该形态也是一种强烈的趋势反转信号，是投资者可积极介入的抄底形态。

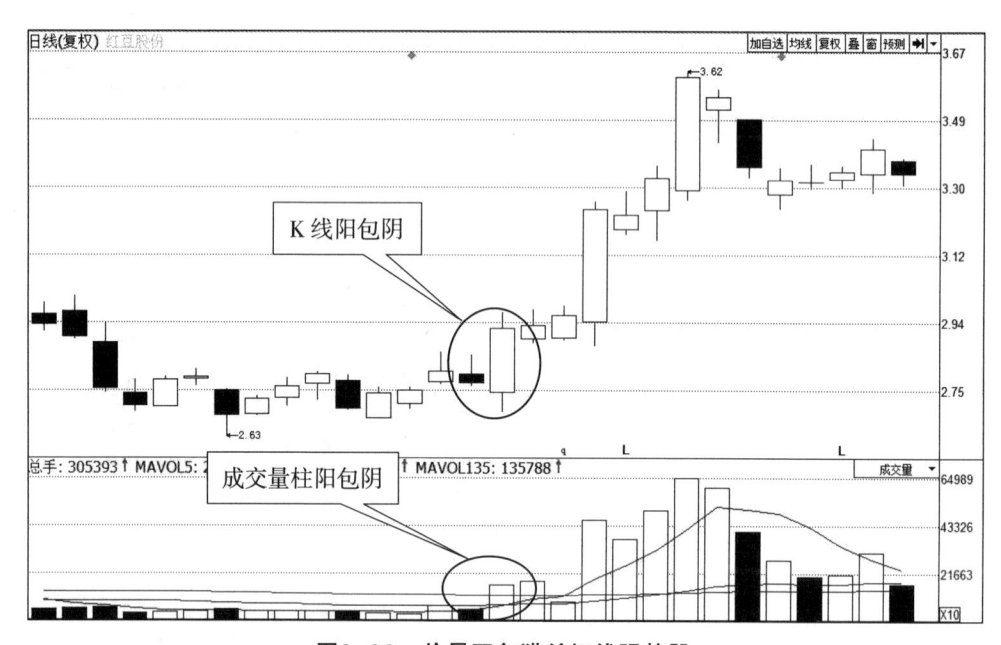

图8-20　价量双包猎杀短线强势股

量价双包形态的典型特征如下。

第一，本技法所指的量价双包是指后一根阳线完全包住了前一根阴线的情形。其他情况的双包形态不在讨论范围之内。

第二，当股价下跌一段时间后到达阶段性底部，股价不再继续下跌，此时如果能够出现量价双包形态，则是强烈的上涨启动信号。

第三，当股价出现量价双包形态后，股价继续上涨，且不再回调到阳线的内部，则可认定形态成立，投资者可于此时买入该股。

第四，投资者按照量价双包形态买入该股后，可以将止损位设置在阳线的开盘价位置。一旦股价跌破这一位置，投资者就要卖出止损。

下面来看一下抚顺特钢的案例，如图8-21所示。

抚顺特钢的股价从2022年下半年开始展开了一波调整走势。到2023年年中时段，该股股价的跌势有加速迹象。进入6月后，该股股价才开始显露止跌迹象。2023年6月14日、6月15日两个交易日，该股走出量价双包形态，并且阳线的实体和成交量均大大超过了阴线，这预示着该股可能要发动一波上涨行情，投资者需密切观察该股其后的走势。

2023年6月16日，抚顺特钢的股价平开后进一步上涨，说明量价双包形态基本成立，投资者可考虑入场抄底建仓。只要股价没有跌回量价双包区域的最低价，投资者就可以继续持股。

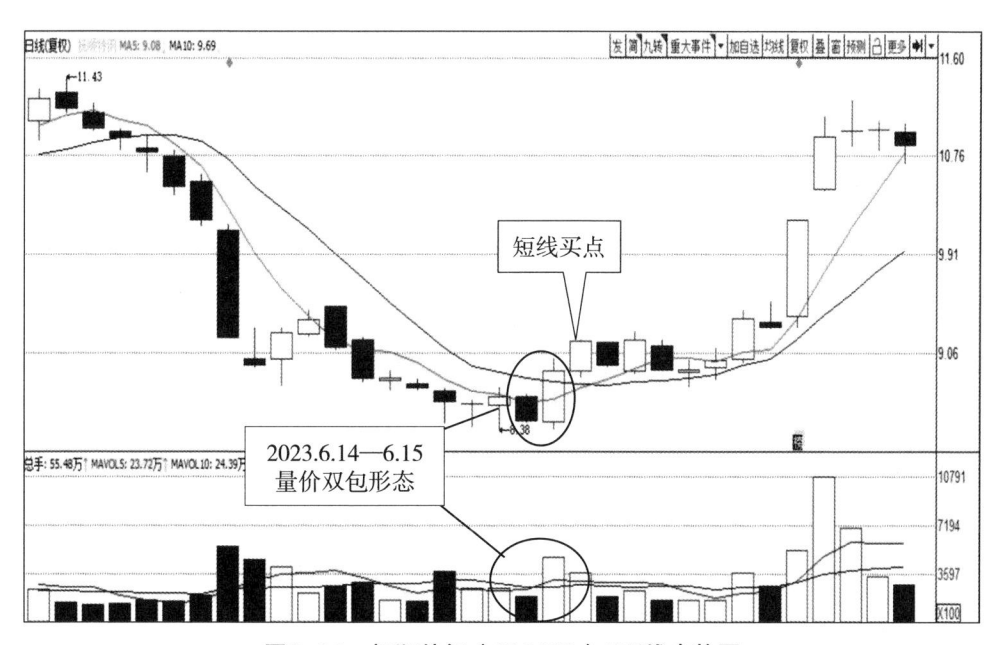

图8-21　抚顺特钢（600399）日K线走势图

第九章
画线工具抄底战法

在所有画线工具抄底法中，趋势线抄底法是应用最为广泛的一种。关于趋势线抄底，在前面的趋势抄底法中曾有过介绍，本章不再赘述。

本章重点介绍基于量价平衡线、黄金分割线和江恩角度线的抄底法，以供读者参考。

第一节　量价平衡线抄底法

量价平衡线是一种以股价与成交量特殊形态为基础绘制的一条反映股价运行趋势的直线。该线与趋势线比较相似，但其取点更为灵活，因而在最近几年的股市交易实战中应用也比较多。

量价平衡线主要包括上升量价平衡线和下降量价平衡线两类。在抄底时，我们所应用的主要是下降量价平衡线，这点与趋势线也比较接近。

一、下降量价平衡线画法

下降量价平衡线，是基于股价振荡下行初期所形成的两根关键K线的顶部与底部连接所构成的向右下方倾斜的直线。在绘制量价平衡线时，投资者可根据盘面走势情况，动态选择关键成交量对应的顶部或底部。也就是说，既可以将顶部与底部相连，也可以将顶部与顶部、底部与顶部、底部与底部相连接。总之，在绘制平衡线时，要考虑股价当时的运行态势。

股价在下跌过程中，通常会围绕该平衡线运行，并在平衡线位置获得支撑或受到阻力。同时，只要股价没有大幅偏离下降量价平衡线，投资者就不应该入场建仓，如图9-1所示。

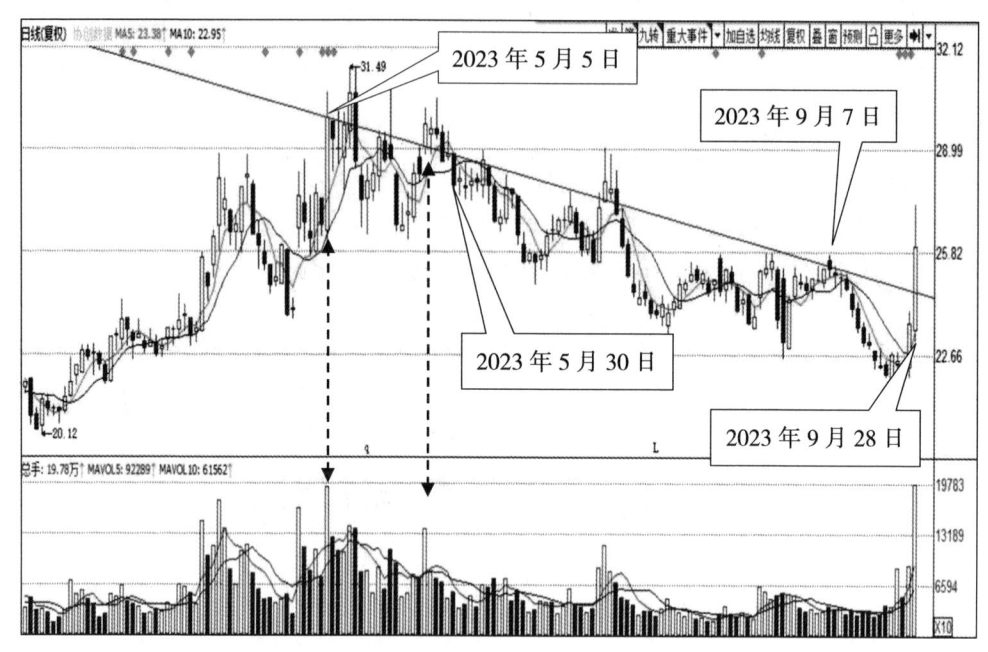

图9-1 协创数据（300857）日K线走势图

协创数据的股价自2023年5月开始进入下跌趋势。

该股股价在振荡下跌初期，成交量异常放大的两个关键点分别为2023年5月5日和5月30日两根K线。将两根K线的5月5日顶部和5月30日底部连接，就得到了一根下降量价平衡线。

此后，该股一直运行于该下降通道内。

2023年9月7日，该股股价平开高走，收出一根中阳线。不过，这根中阳线在触及下降量价平衡线后，重新进入下跌通道。由此可见，该平衡线对股价具有很强的阻力作用。直至9月28日，该股股价才真正有效地突破了下降量价平衡线。

股价沿着下降量价平衡线下跌时，应注意以下几点。

第一，股价沿着平衡线下行的时间越长，该线作用越显著。

第二，股价位于平衡线下方时，该平衡线对股价具有一定的阻力作用，但若股价向上突破了平衡线，则意味着有结束下行的可能，此时仍需要其他买入信号的支持。

第三，股价若运行于平衡线上方，则平衡线会对股价产生一定的支撑作用，也就是说，股价在触及平衡线时，可能会引发一波反弹。

二、下降量价平衡线抄底法

通常来说，当股价沿着下降量价平衡线振荡走低时，就会具备较大的下行惯性，其反向向上突破下降量价平衡线是比较困难的。因而，当其能够向上完成对下降量价平衡线突破时，也就意味着股价运行趋势发生改变的概率较高。但为了控制风险，还需从以下几个方面入手来进行综合研判。

第一，股价向上突破下降量价平衡线时，成交量需要有明显的放大，这是股价形成突破的前提。

第二，股价完成对下降量价平衡线突破前，若股价与成交量或MACD指标形成了背离形态，则可增强突破的有效性。

第三，MACD指标若能在股价形成突破前出现振荡上扬态势，而且在突破时同步突破0轴或在0轴附近形成黄金交叉，则可增强突破的有效性。

下面来看一下贝肯能源的案例，如图9-2所示。

贝肯能源的股价自2023年2月开始进入下跌趋势。

投资者根据下降量价平衡线的画法，可以以2月8日和3月14日的K线为基准绘制一根下降量价平衡线。此后，该股一直运行于该下降通道内。

2023年7月4日，该股股价经过多日小幅上涨后，已经成功站到了量价平衡线的上方，且此时MACD指标向上突破了0轴，这也意味着股价将要摆脱下降量价平衡线的压制，开始进入上升趋势。投资者可考虑入场建仓该股。

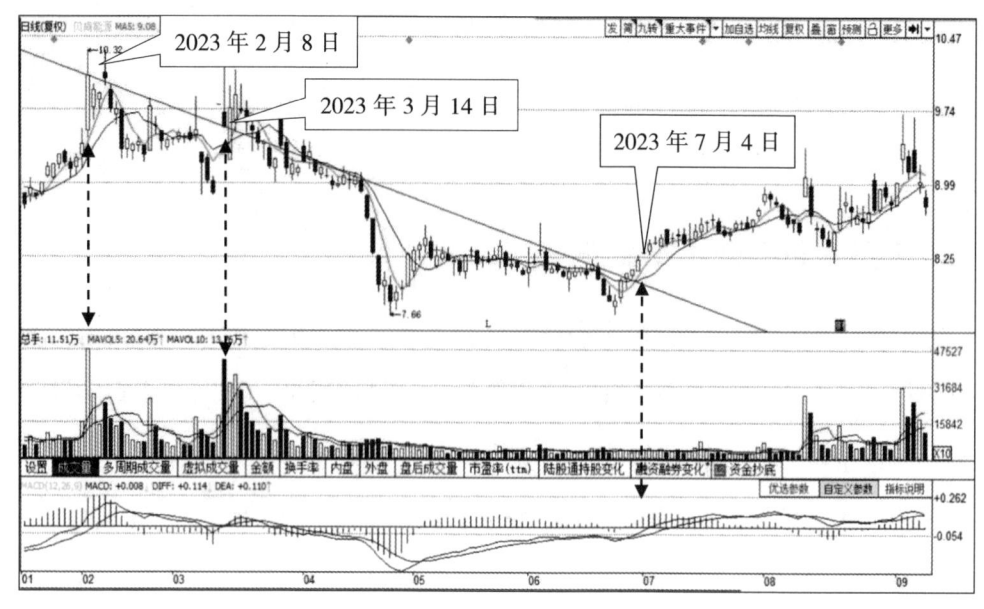

图9-2 贝肯能源（002828）日K线走势图

第二节 黄金分割线抄底法

黄金分割线是股市中最常见、最受欢迎的切线分析工具之一。在实际操作中，主要是运用黄金分割来揭示上涨行情的调整支撑位或下跌行情中的反弹压力位。

一、黄金分割线的基本原理

把一条线段分为两部分，使其中一部分对于全部的比率，等于另一部分对于该部分的比率。按照这个算法得出的比率约等于0.618。这个比率具有极高的美学价值，故称之为"黄金分割比率"，由该比率衍生出的理论就是"黄金分割理论"。

黄金分割比率是由古希腊数学家毕达哥拉斯发现，然后由十三世纪的数学家斐波纳契重新发现和发展的。斐波纳契曾写过一本书，涉及一些奇妙的数字组合。这些奇妙的数字组合是1、1、2、3、5、8、13、21、34、55、89、144、233……后人将该数列以其名字命名为斐波纳契数列。有人认为斐波纳契数列与金字塔上的某些数据息息相关：比如，金字塔的长度为5813寸（5-8-13），高和底边的比率为0.618。而神秘数字组合中从21往后任何两个连续数字的比率都近似于0.618。

这一数列具有以下特点。

（1）其中任何一个数字都是前面两个数字之和，即2=1+1、3＝2＋1、5＝3＋2、8＝5＋3……以此类推。

（2）除了最前面3个数（1，1，2），前一数字与后一数字之间的比例，越来越趋近于0.618，例如：34/55＝0.618、55/89＝0.618、89/144＝0.618……

（3）除了最前面3个数（1，1，2），后一数字与前一数字之间的比例，越来越趋近于1.618，例如：55/34＝1.618、89/55＝1.618、144/89＝1.618……

（4）1.618与0.618互为倒数，即1.618×0.618＝1。

包括0.618和1.618这两个基本比率在内，很多投资者在股市的长期实践中还发现了下列两组神秘比率。

（1）0.191、0.382、0.5、0.618、0.809。

（2）1、1.382、1.5、1.618、2、2.382、2.618。

这些数字就构成了黄金分割比率。

在股市的波动中，黄金比率的现象也可以时时识别，市场可以产生出完整的黄金比率。一个上升浪发生了调整，而调整浪与这个上升浪的比例往往就是黄金比率，如图9-3所示。

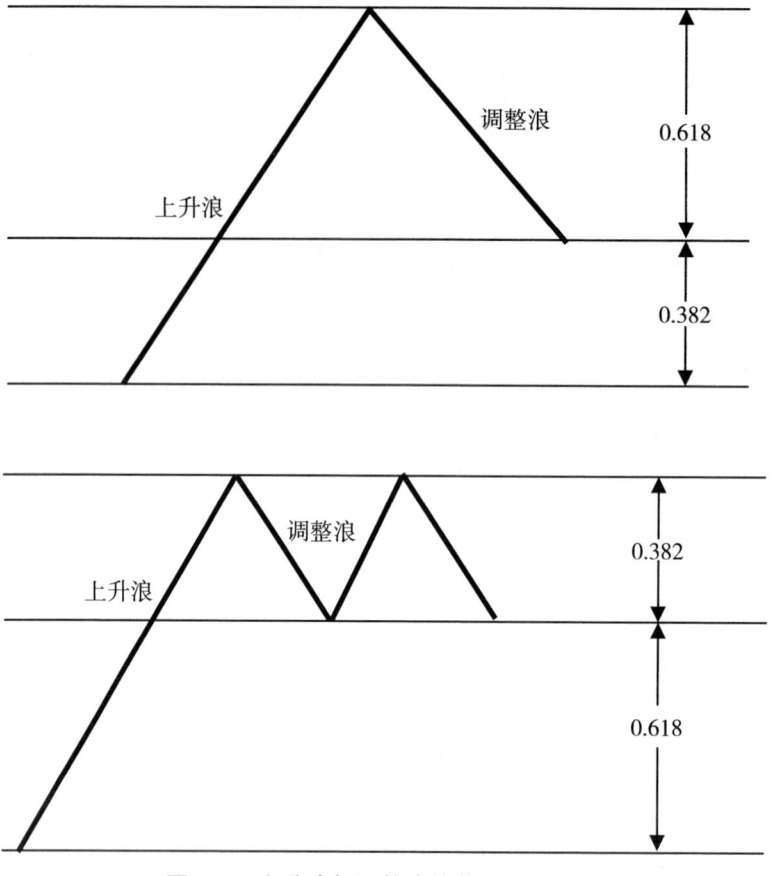

图9-3　上升浪与调整浪的黄金比率关系

二、黄金分割线的画法

投资者在选中的K线走势图页面上点击"画线工具"按钮，在弹出的对话框内选择"黄金分割线"即可。

投资者在点击"黄金分割线"后，先选择起点，一般选择一段行情的高点或低点，然后点击并按住鼠标左键不放，拖动鼠标至另一个低点或高点位置放开，即可得到相应的黄金分割线。如图9-4所示。

投资者在画黄金分割线时，需要注意下面两种情况。

第一，画黄金分割线时，应该注意波段低点与波段高点的选择。投资者

图9-4 贵州燃气（600903）股价的黄金分割线

选择的低点和高点越重要，黄金分割线对股价的影响也就越大。

第二，黄金分割线绘制完成后，投资者可以根据股价变化的规律适当地进行调整，使其能够更加准确地预测股价未来的支撑位与阻力位。

三、黄金分割线抄波段底

股价经过一波上涨后出现调整走势，当股价在某一重要的黄金分割位获得足够支撑而出现反攻走势时，通常被看作是一个较佳的波段抄底时机。在具体操作过程中，还需要注意这样几点。

第一，股价在回调过程中，可能会在某一重要的黄金分割位获得支撑，并出现反弹。但具体在哪个点位并不能事先预测，只有股价在某一位置获得支撑后，才可以入场抄底。

第二，具有强支撑力的点位以0.382、0.5、0.618为主，但并不意味着股价不会在其他点位获得支撑。

第三，股价在向黄金分割位回调过程中，成交量应该呈现明显的缩量，而当股价遇到支撑而重新上升时，成交量会呈现放大态势。

下面来看一下蓝丰生化的案例，如图9-5所示。

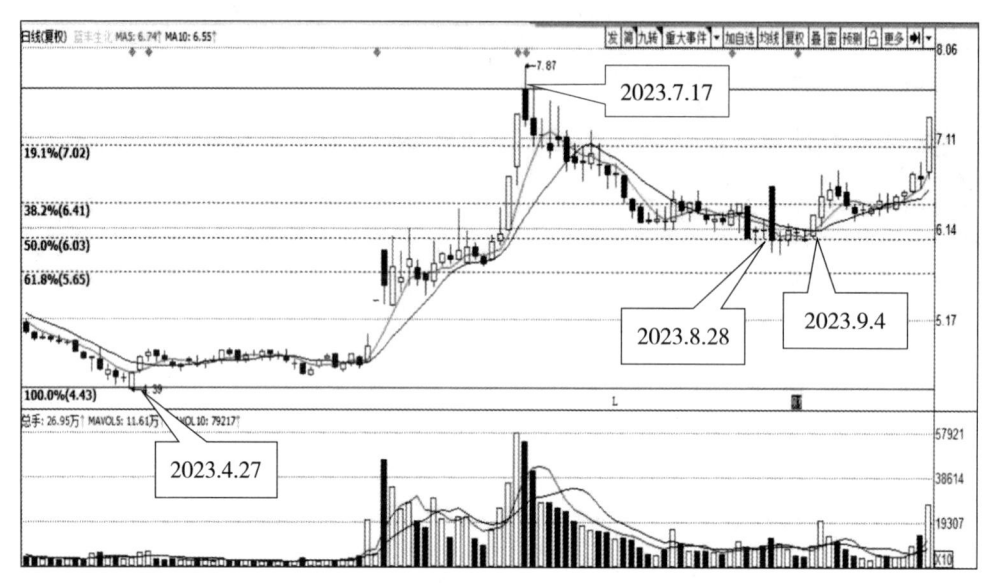

图9-5　蓝丰生化（002513）日K线走势图

蓝丰生化的股价自2023年4月末触底后，经过一波横向振荡，出现大幅上攻走势。到7月17日，该股股价创下短期高点后出现回调，成交量同步萎缩。为了辨识和预测股价可能的阻力位置，投资者可以7月17日的开盘价作为黄金分割线的起点，4月27日的开盘价作为黄金分割线的终点，绘制一组黄金分割线。

此后，该股股价接连突破了0.191和0.382两个支撑位，并在0.5位出现横向振荡走势。这时投资者需要密切关注该股股价之后的走势。

8月28日，该股股价大幅高开后低走，在K线图上留下了一根大阴线，但仍未有效跌破0.5线。此后，该股股价稍作盘整后，开始启动上升走势。9月4日，该股股价放量上攻，并突破了多条均线的压制，此时投资者可考虑抄底建仓该股。

第三节　江恩角度线抄底法

江恩角度线又称作甘氏线，是江恩理论的重要组成部分，也是最能直观反映股价与时间、空间关系的工具之一。投资者利用江恩角度线所提供的趋势线，能够作出明确的趋势判断。喜欢抄底的投资者还可以通过上升江恩角度线来寻找股价上升途中的支撑位，并择机入场抄底。当然，这里的抄底所抄的都属于典型的上升途中的波段底。

一、江恩角度线基本构造

江恩角度线是以时间单位和价格单位定义价格运动，它以股价的重要高低点作为起点和终点，然后按照不同角度绘制出8根角度线，当股价运行至角度线位置时，将会遇到重大的支撑或者阻力。江恩线的基本比例为1：1，即每单位时间内，价格运行一个单位。另外还有2：1、3：1、4：1、8：1、1：2、1：3、1：4、1：8等比例。这8条角度线中，最重要的是2：1和3：1这两条线。

上升江恩线是从市场底部向右上方向延伸的直线；下降江恩线是从市场顶部向右下方向延伸的直线。绘制江恩角度线要尽可能简洁。正确的开始点应从价格方面入手选取，而相对的高、低点价格产生时的时间也是十分重要的。

通过江恩角度线，能够轻松地找到可能的支撑位和阻力位，更好地把握买入和卖出时机。当股价下跌到某一角度线附近获得支撑，出现明显的止跌回升迹象，投资者可以适量买入，之后如果股价有效跌破了该支撑线，就应果断止损卖出。当股价上涨到某一角度线附近遇到阻力，出现了明显的滞涨回落迹象，投资者应该果断卖出，之后如果股价有效突破了该阻力线，就可重新进场买入。

二、上升江恩角度线画法

上升江恩角度线给出了处于上涨行情中股票的一些重要的支撑位与阻力位，当股价运行到这些位置时，江恩角度线就会对股价的运行产生一定的影响。

当股价自底部向上振荡上涨时，投资者可以选择炒股软件"画线工具"中的"江恩角度线"，先用鼠标确定一个低点，然后沿着股价运动方向向右上方拖动鼠标，系统就会自动画出江恩角度线。

如图9-6所示，上海沿浦的股价自2023年5月10日启动了一波振荡上涨行情。为了准确判断股价上涨过程中可能遇到的支撑与阻力，投资者可以选择绘制一组江恩角度线。

在绘制江恩角度线时需要注意两点：第一，起始点位的选择，从图中股价走势可以看出，该股股价是从5月10日开始上涨的，因而可以选择5月10日开盘价作为起始点位；第二，江恩角度线包含了数条比率线，其中又以1：1线最为重要，投资者选定起始点后，向右上方拖动时，留在K线图上的就是此线。7月27日，该股股价在上攻途中回调遇支撑重新上行，这个支撑点就可以作为角度线的另外一个基准点。正因如此，投资者在拖动鼠标绘制此线时，尽量使其经过已经形成的重要支撑位或阻力位，图9-6中的1：1线就经过了一个短期高点位和回调低点。

从图9-6中股价与江恩角度线之间的关系可见，很多次K线回调至4：1线时遇到了支撑，此后该股重新开始上升；后来又在上攻途中遇到2：1线获得支撑，该线成了股价的重要支撑位。由此可见，江恩角度线对股价有着重要的影响。

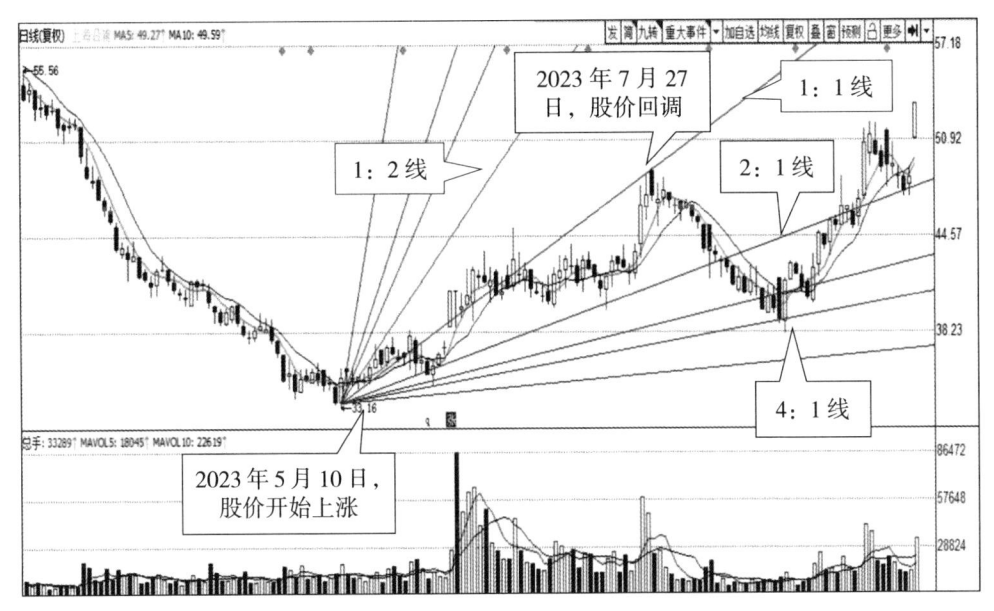

图9-6 上海沿浦（605128）日K线走势图

投资者在画上升江恩角度线时，需要注意下面两种情况。

第一，画上升江恩角度线时，应该注意波段低点的选择。如果选择的最低点被新的低点所代替，投资者就需要重新画江恩角度线了。

第二，画上升江恩角度线时，股价的低点或高点触及江恩角度线的次数越多，那么未来江恩角度线对股价走势的影响就越大。

三、上升江恩角度线判断波段底

上升江恩角度线判断波段底部的方法与黄金分割线相似，也是借助画线工具寻找股价上升过程中回调可能遇到的强支撑点位。

股价经过一波上涨后出现调整走势。当股价在某一重要的角度线位获得足够支撑而出现反攻走势时，通常被看作是一个较佳的波段抄底时机。在具体操作过程中，还需要注意这样几点。

第一，股价在回调过程中可能会在某一重要的角度线位置获得支撑，并出现反弹。但具体在哪个点位并不能事先预测，只有股价在某一位置获得支撑后，才可以入场抄底。

第二，具有强支撑力的角度线以2∶1、3∶1、4∶1、1∶2、1∶3、1∶4为主，但并不意味着股价不会在其他点位获得支撑。

第三，股价在向角度线位回调过程中，成交量应该呈现明显的缩量，而当股价遇到支撑而重新上升时，成交量会呈现放大态势。

下面来看一下德迈仕的案例，如图9-7所示。

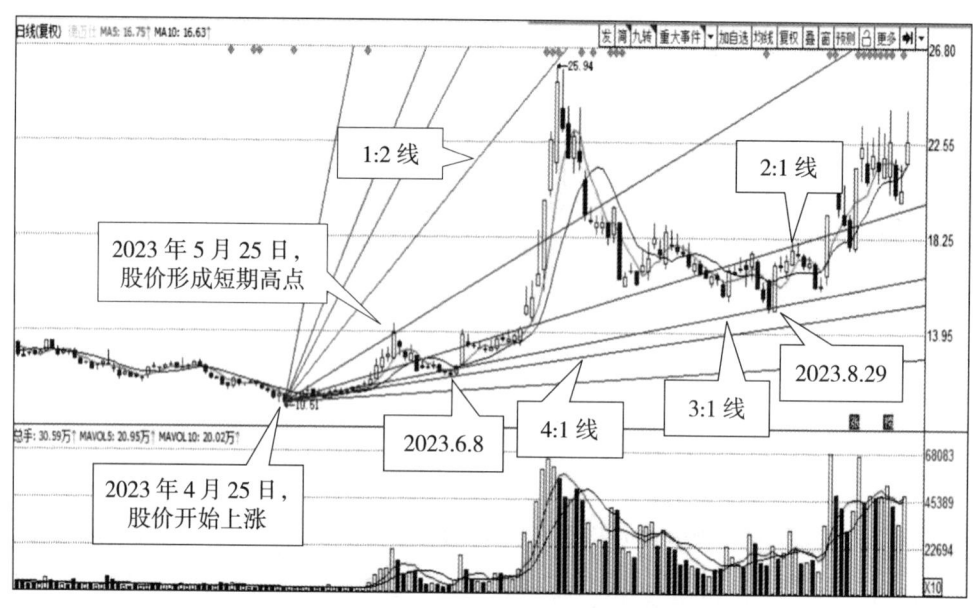

图9-7 德迈仕（301007）日K线走势图

德迈仕的股价自2023年4月25日启动了一波振荡上涨行情。到5月25日，该股股价出现一波调整。为了清晰地描绘其后股价的走势情况，投资者可以5月25日和4月25日为基点，绘制一组上升江恩角度线。

2023年6月8日，该股股价回调至4∶1线位置时，受该线支撑而发动反攻，此时对于喜欢抄底的投资者而言是一个较佳的机会。此后，该股股价出现了一波大幅上升行情。当股价触及1∶2线时，因受该线阻力而出现下跌，此时投资者就可以离场了。

2023年8月29日，该股股价经过一波回调之后，触及3∶1线，又因受该线支撑而再度上攻，这又是投资者一次较佳的入场机会。

第十章

抄底失败：止损与解套

抄对底部是每个投资者的梦想。但事实上，抄底也是风险很高的一项活动，存在很大的失败概率。

第一节　抄底与止损安排

止损永远是抄底失败的第一选择。抄底失败，意味着投资者对股价底部判断的失误。也就是说，投资者将股价下行的"半山腰"当成了底部，因此，投资者必须第一时间清仓离场。当然，很多投资者会担心股价的下行属于主力刻意造成的诱空行为。不过即便如此，当股价重新回涨时，你仍然有机会买回来。面对股价的下行，不做任何止损，才可能让自己跌入"深渊"。

常见的抄底止损位设置包括以下几点。

一、固定比率止损

投资者在入场抄底股票时，可以设定一个向下的最大幅度，跌破该幅度就止损。例如，有的投资者喜欢把8%或10%作为自己的止损位。投资者在这里需要注意，止损位不能设定得离股票买入价过近，否则一旦股价出现振荡，就容易把自己震出局；但止损位也不能设定得过远，以免给自己造成过大的损失。如图10-1所示。

投资者如果把海螺水泥作为将要买入的目标股，就需要好好选择一个买入点。2023年4月11日，该股放量突破了前期盘整位，鉴于此前该股已经出现了较大幅度的下跌，投资者这时可将该位置看成较佳的抄底入场位，并把下跌8%作为止损位。一旦该股跌破这一位置，就可以卖出该股。其实，投资者也可以将前期最高点作为止损位，但由于买入价距离止损位太近，所以最好将止损位设置得稍稍离买入价有点距离为好。

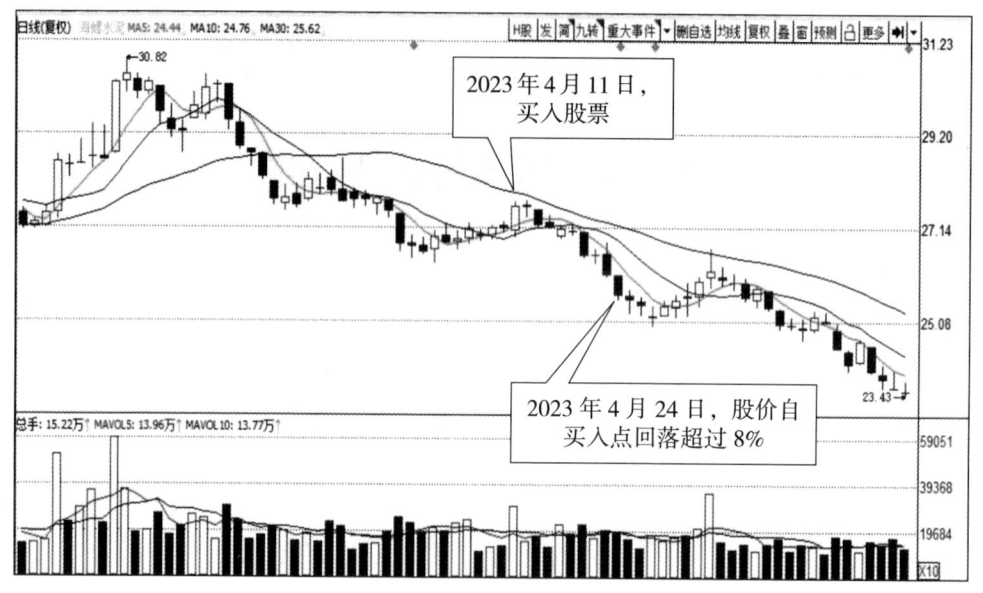

图10-1　海螺水泥（600585）日K线走势图

海螺水泥在创下27.71元高点后一路下跌。2023年4月24日，该股距离买入位置下跌幅度超过8%，投资者宜卖出该股。虽然这是一次失败的抄底操作，却把损失控制在了一个很小的范围，避免了该股后续的下跌。

二、前期支撑点位止损

通常来说，投资者入场抄底都会有一定的投资逻辑。比如股价在某一位置（比如前期低点、前期高点等）获得了较强的支撑，或股价在某一区域出现了密集成交筹码峰等。通常来说，股价启动后，这些位置都可能成为股价回调的支撑点位。当股价回调到此位置时，场外会有很多资金入场抢筹，从而推动股价上行。不过，一旦股价在此位置的支撑失效，就意味着股价下方将失去可靠的支撑，股价下跌的概率极大。此时投资者就应该积极地止损。

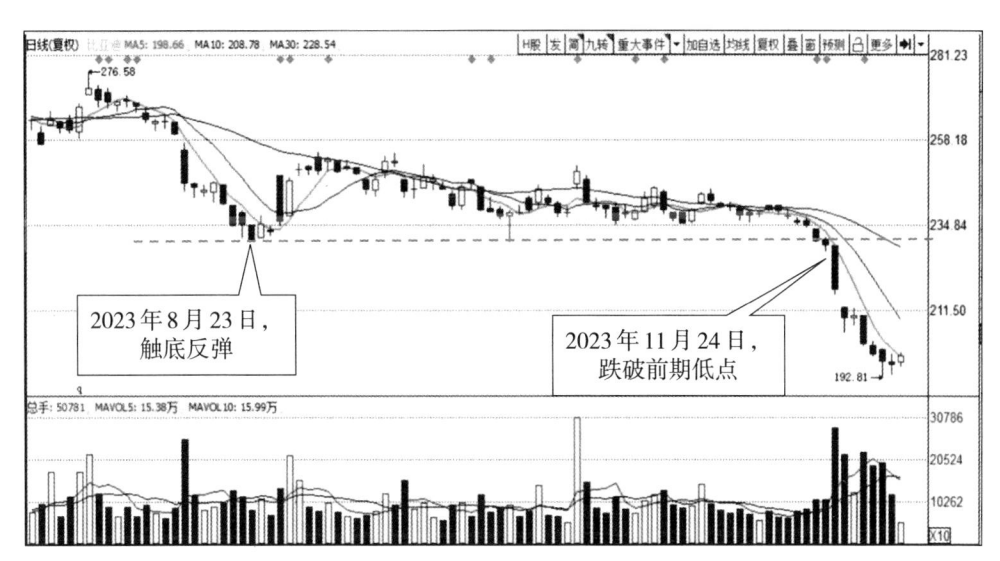

下面来看一下比亚迪的案例，如图10-2所示。

图10-2　比亚迪（002594）日K线走势图

比亚迪的股价经过一段时间的振荡下跌，在2023年8月23日形成了一个阶段低点后出现横向振荡走势。该股股价在横向振荡期间不止一次出现上攻迹象，在此期间，很多投资者选择入场抄底。

2023年11月24日，比亚迪的股价向下跌破了8月23日的低点位置，这也意味着股价将迎来新一波下跌，入场抄底者最好在此时执行卖出清仓操作。

三、入场线止损

投资者入场抄底都会有一定的支撑逻辑。比如，在K线形态中，很多投资者喜欢在看见早晨之星形态后入场抄底。在该形态中，中间十字线的最低点其实就是一个天然的止损位，一旦股价跌破该位置，则意味着形态的失败。投资者若依据股价向上突破中期均线入场抄底，那么当股价有效跌破该均线时（比如连续三个交易日处于均线下方或低于该均线3个百分点），就应该坚决执行止损操作。

下面来看一下中迪投资的案例,如图10-3所示。

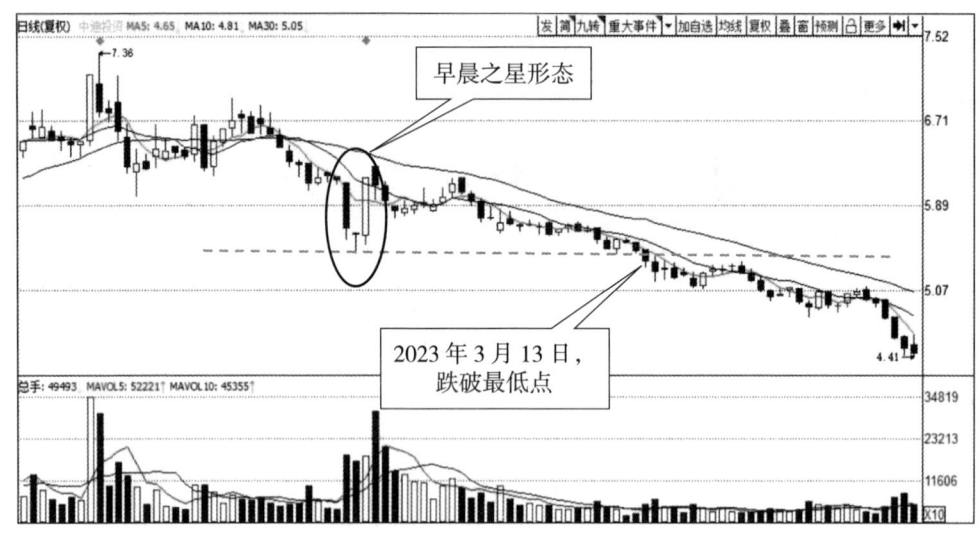

图10-3 中迪投资(000609)日K线走势图

中迪投资的股价经过一段时间的振荡下跌后,在2023年1月底期间形成了经典的早晨之星形态。通常来说,该形态出现在股价下跌一段时间之后,具有典型的看涨意义。因此,很多喜欢抄底的投资者在该形态形成后立即入场抄底了。

此后,该股股价不涨反跌。

2023年3月13日,中迪投资的股价向下跌破了早晨之星最低点位置,这也意味着股价将迎来新一波的下跌,入场抄底者最好在此时执行卖出清仓操作。

第二节 常用的解套技法

解套是一种被迫的选择,是在抄底失败、不能止损的情况下,不得不做出的选择。

常用的解套技法有很多种，本节列举其中应用比较广泛的几种，以供读者参考。

一、124解套法

124解套法是根据股价在底部区域内的走势情况，分批次入场加仓买入股票，借以降低持仓成本，待股价反弹时完成解套的一种操作策略。其基本操作路线大致如图10-4所示。

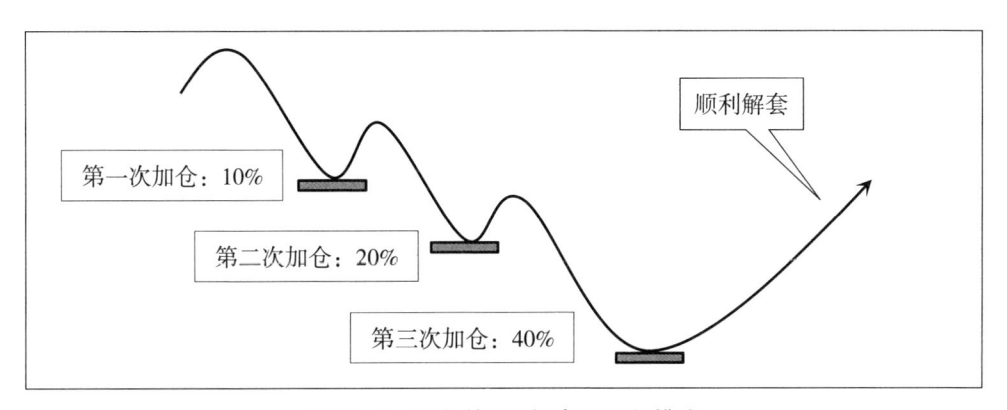

图10-4　理想的124解套法运行模式

当然，该种解套方法的顺利实施也是需要具备一定条件的。

第一，外部环境要求。

外部大盘环境稳定是入场加仓解套的前提条件。所有以加仓为主要策略的解套方法，都必须依赖大盘环境的企稳。当然，由于A股的特点，大盘指数在大部分时间内都处于横向振荡态势。也就是说，入场加仓解套时，至少大盘不能处于下行趋势。

第二，股票要求。

对于个股的要求主要有两个方面：其一，股票本身质地不能太差。若股票本身属于垃圾股或濒临退市的股票，就失去了解套的价值。其二，股价开始出现止跌企稳的迹象。

第三，仓位分配与控制。

从投资安全角度看，解套本身也是一种高风险的交易行为，操作不好就是错上加错。因此，在入场前必须对资金进行合理规划。在留足预备资金的前提下，还要设计好每次入场的资金占比。

124解套方略对资金的规划为：将所有资金分成四部分，其中包括三个批次入场资金（70%），一个批次后备资金（30%）。

第四，入场加仓方法。

三个批次入场资金的具体入场条件如下。

第一批次10%资金入场条件：股价经过一波下跌后出现明显的止跌企稳迹象。通常股价会在中期均线附近获得支撑而出现企稳迹象。

第二批次20%资金入场条件：股价跌破了前一批次入场线，且出现了大幅下挫态势，存在明显的主力打压痕迹，股价K线的形态非常恶劣。

第三批次40%资金入场条件：股价跌破了前两个批次的入场点，再度下跌后出现止跌企稳迹象，此时就是最后一个批次的入场机会。

原则上，后备资金是不应该入场的，除非市场发生了足以扭转趋势的情况。

下面以中国平安为例进行介绍，如图10-5所示。

中国平安作为A股市场上的超级绩优股，股价曾经一度达到149.28元。自2020年年底开始，中国平安的股价正式开启了一波振荡下跌走势。在振荡下跌过程中，不断地有投资者试图入场抄底该股，但多数都被套牢其中。

比如，中国平安自2022年9月中旬开始了新一轮下跌，股价在40多元。此时若有投资者入场，则很可能被套其中。

假如投资者入场资金为2万元左右，到了10月中旬，该股股价已经在37元左右的水平了。若此时投资者开始尝试解套，假如手中还有10万元的资金，投资者需要将10万元按照1：2：4：3的比例分为四份。

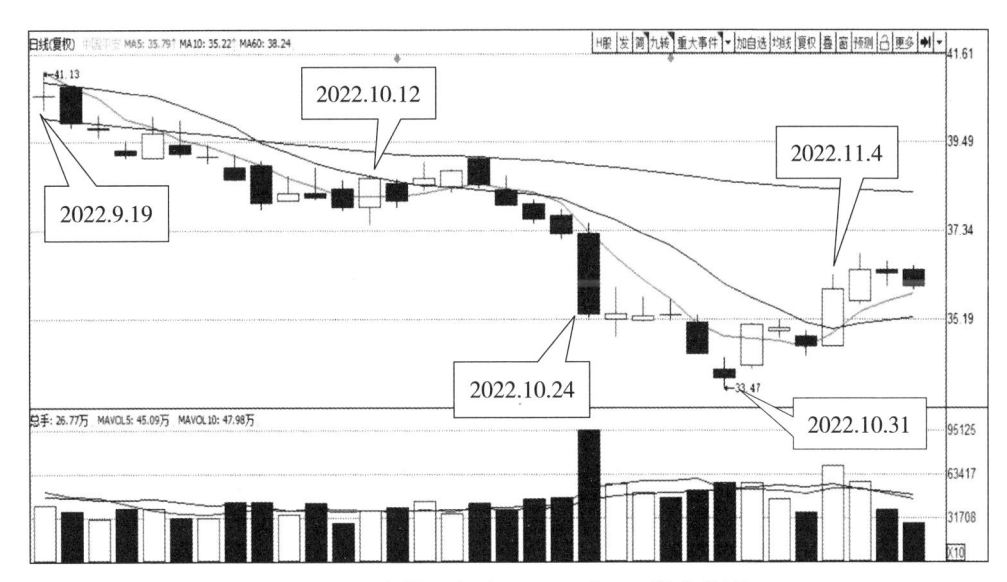

图10-5　中国平安（601318）日K线走势图

第一步加仓行动，10%资金，如图10-6所示。

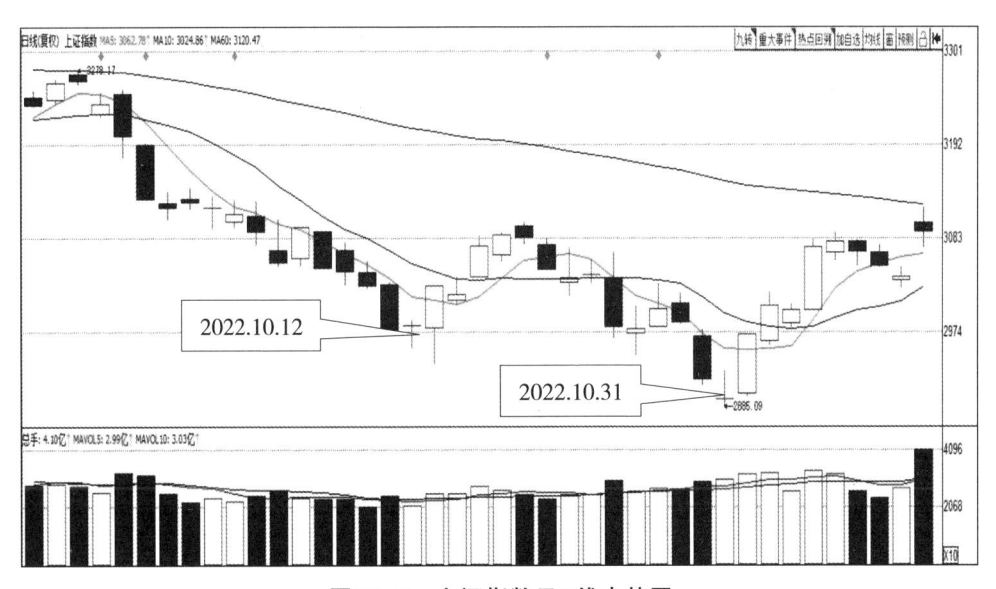

图10-6　上证指数日K线走势图

从图10-6中可以看出，大盘指数在2022年9月也经历了一波大幅下跌。到了10月中旬，大盘指数已经明显企稳了，甚至呈现了明显的反攻迹象。对于想要通过加仓解套的投资者而言，此时无疑是一个不错的机会。

基于对大盘指数和中国平安本身质地的了解，2022年10月中旬应该可以看成较佳的第一次入场机会。投资者可在原来投资20500元金额（股价由41元下跌至38元，持仓金额在不计交易费用的情况下，剩下19000元）基础上，入场加仓11400元，合计持仓金额为30400元。

第二步加仓行动，20%资金。

自2022年10月12日加仓后，中国平安的股价横向盘整一段时间后，再度开始下跌。到了10月24日，该股股价更是大幅走低，下跌幅度超过5%。对于像中国平安这种超级绩优股来说，很少有跌幅大于5%的情况，是明显的破位形态，而这也肯定并非这类股票的正常表现。投资者可在当日临近收盘时再入场20%的资金，即21300元（此时中国平安的股价已经从38元下跌至35.50元了），持仓金额在不计交易费用的情况下，合计49700元。

第三步加仓行动，40%资金。

在投资者第二步加仓后，中国平安的股价横向盘整了几个交易日后再度下行，股价已经远远低于之前两次的加仓点了。

10月31日，该股股价出现了明显的止跌企稳迹象。此时与大盘走势相一致。大盘在当日出现了明显的止跌迹象，以十字线报收。投资者可在当日再度加仓40%资金，即40200元。

此时中国平安的股价已经从35.50元下跌至33.50元了，持仓金额在不计交易费用的情况下，合计87100元。此时投资者的持仓成本已经下降至35.92元了，相比于最初的41元买入价，下跌了12%。也就是说，股价只要再反弹7.5个百分点就可以顺利解套了。

此后，中国平安的股价出现了反弹走势。11月4日，该股股价向上突破了多条均线，股价最高点触及36.22元。此时，想要解套出逃的投资者可以顺利完成解套操作了。

当然，投资者也可以选择卖出部分股票，之后持股待涨，以期实现利润最大化。

表10-1　124解套法实操数据表

交易时间	股价	买入金额	买入数量	持仓成本	持仓数量	持仓金额	持仓盈亏
2022.9.19	41元	20500元	500股	41元	500股	20500元	——
2022.10.12	38元	11400元	300股	39.88元	800股	30400元	-1500元
2022.10.24	35.50元	21300元	600股	38元	1400股	49700元	-3500元
2022.10.31	33.50元	40200元	1200股	35.92元	2600股	87100元	-6300元

注：卖出金额与股票数量、亏损金额均用"-"表示，不含交易费用。

二、高抛低吸解套法

高抛低吸解套法，是根据股价在下行途中的走势情况，以相同比例低位买入股票，再高位卖出股票，借以降低持仓损失，直至股价反弹时完成解套的一种操作策略。其基本加仓模式如图10-7所示。

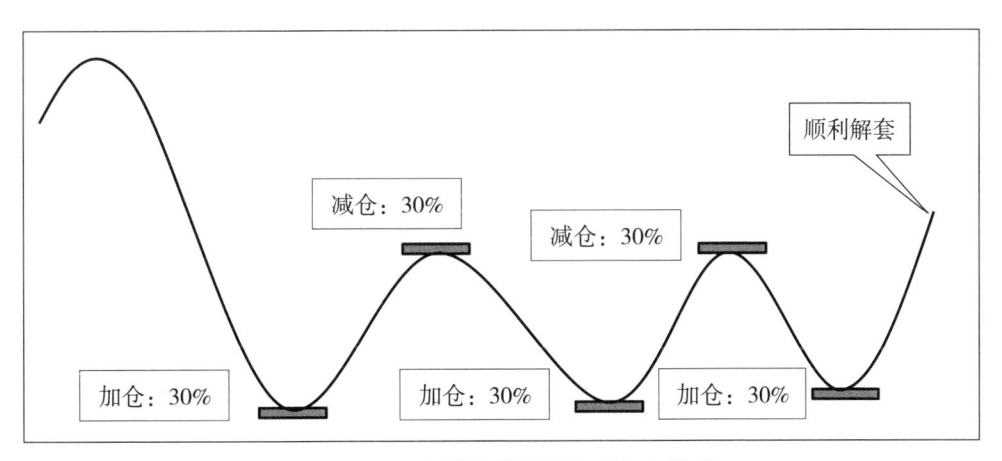

图10-7　理想的高抛低吸解套运行模式

当然，该种解套方法的顺利实施也是需要具备一定条件的。

第一，外部环境要求。

外部大盘环境的配合是高抛低吸解套的前提条件。当股价下跌至低位并开启横向振荡走势时，大盘最好也能处于止跌企稳状态。若此时大盘能够出现振荡上升走势，则更有利于该解套策略的实施。

第二，股票要求。

对于个股的要求主要有两个方面：其一，股票本身质地不能太差。若股票本身属于垃圾股或濒临退市的股票，就失去了解套的价值。其二，开始加仓时，股价必须已经显现出某些典型的止跌企稳态势。

第三，仓位分配与控制。

从投资安全角度看，高抛低吸解套法也是一种高风险的交易行为，操作不好就会深度套牢，因此，入场前必须对仓位进行合理规划。在留足预备仓位的前提下，还要设计好每次加仓的仓位。

高抛低吸解套法对资金的规划：原则上，采用该策略的投资者只需准备被套牢仓位30%的资金即可，当然，也可以准备第二份30%的资金用作备用资金。

第四，加仓与减仓方法。

高抛低吸策略可多次使用，只要市场给了应用的机会和条件，就可以实施。具体入场条件如下。

加仓30%仓位入场条件：股价经过一波大幅下跌后，出现了明显的止跌反弹态势，可将30%资金兑换成股票入场。

减仓30%仓位离场条件：股价自低位反弹后，出现了明显的上升遇阻态势，可将先前买入的股票全部卖出离场。

此后若股价再度回调至低点，可以重复以上操作，直至完成解套。

下面以北方股份为例进行介绍，如图10-8所示。

北方股份作为A股市场上的专用矿用车研发与生产企业，业绩一直非常不错，而且整个盘子不大，股价波动较为剧烈。自2020年年中开始，该股股价一直呈现宽幅横向振荡态势。

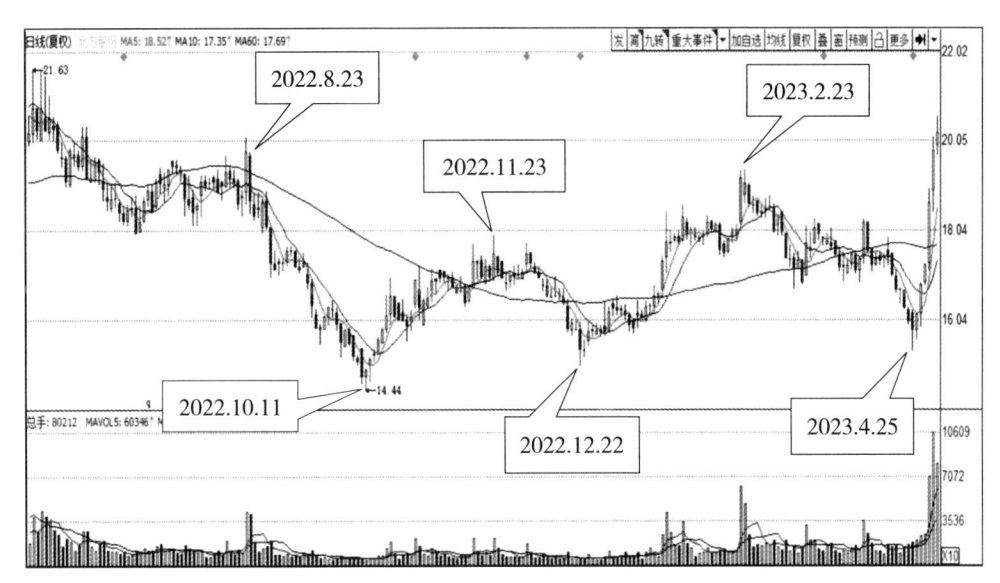

图10-8 北方股份（600262）日K线走势图

  北方股份的股价在2022年到2023年期间都呈现了横向振荡走势，期间该股股价也出现了几次向上突破的迹象，很多据此入场的投资者就很容易被套在高位。比如，2022年8月23日，该股股价大幅突破横盘区域，放量上攻。很多投资者在当天入场了，但很快股价就转入了下行趋势，当日买入者被套其中。

  以2022年8月23日为入场时间，假如价格为20元（入场股票为1000股），此后该股股价下跌了一段时间，于2022年10月11日出现止跌企稳迹象。此时，投资者可参照大盘动向，积极进行高抛低吸操作。

  第一步加仓行动，30%仓位。如图10-9所示。

  从图10-9中可以看出，大盘指数自2022年7月初开始出现振荡下跌走势，在2022年10月11日、10月31日和12月23日，分别形成了三个阶段低点。而且从整体上来看，上证指数自2022年10月底开始了振荡上升走势，比较有利于个股的高抛低吸操作。

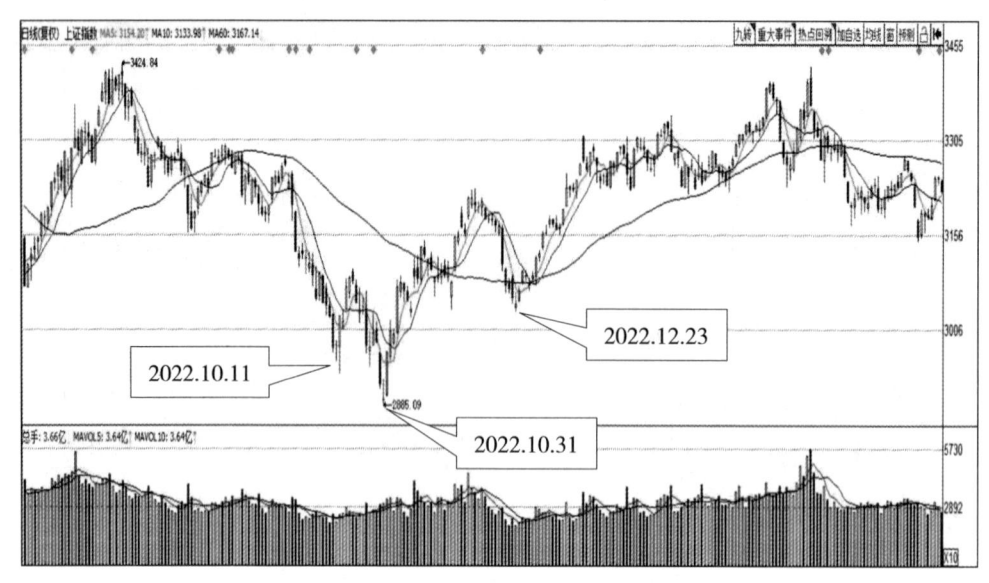

图10-9　上证指数日K线走势图

基于对大盘指数和北方股份本身质地的了解，2022年10月中旬应该可以看成较佳的第一次入场机会。投资者可在原来持仓1000股股票的基础上，加仓30%（按2022年10月11日14.50元价格加仓300股），合计持仓股票为1300股。

第二步减仓行动，30%仓位。

自2022年10月11日加仓后，北方股份的股价经过一波强势反弹走势，11月23日，该股股价出现了明显的冲高回落态势，在K线图上留下了一根长上影线的K线，说明股价短线有回落的风险。投资者可在当日卖出先前加仓的股票，即300股（此时北方股份的股价已经从14.50元反弹至17.50元了），持仓股票已经仅剩1000股了（此时投资者持仓成本上升至19.10元）。

第三步加仓行动，30%仓位。

投资者卖出北方股份的股票后，该股股价再度出现一波回调走势。到2022年12月22日，股价已经回调到了15元左右的位置。此时投资者可考虑再度加仓300股，合计持仓1300股（此时投资者的持仓成本下降至18.16元）。

第四步减仓行动，30%资金。

理论上，投资者还可以继续在高位减仓操作。比如，2023年2月23日，该股股价触及19元左右的高位时减仓300股。不过，当股价上升至19元左右的位置时，投资者事实上已经完成了解套任务。

当然，此后投资者的操作就比较灵活了，可考虑继续重复此前的操作，以降低持仓成本，增加盈利，也可以全部出清了结。

表10-2　高抛低吸解套法实操数据表

交易时间	股价	买入金额	买入数量	持仓成本	持仓数量	持仓金额	持仓盈亏
2022.8.23	20元	20000元	1000股	20元	1000股	20000元	——
2022.10.11	14.50元	4350元	300股	18.74元	1300股	18850元	-5500元
2022.11.23	17.50元	-5250元	-300股	19.10元	1000股	17500元	-1600元
2022.12.22	15元	4500元	300股	18.16元	1300股	19500元	-4100元
2023.2.23	19元			18.16元	1300股	24700元	1100元

注：卖出金额与股票数量、亏损金额均用"-"表示，不含交易费用。

三、一次性加仓解套法

一次性加仓解套法，是指投资者在被套牢后，待股价回撤到某一强支撑位时，将手中的资金一次性加仓买入该股，待股价反弹时完成解套的一种操作策略。该解套法的操作模式如图10-10所示。

当然，该种解套方法能否顺利达成目标，与投资者选择的入场加仓时机也密切相关。相对而言，这也是一种风险极大的解套策略，投资者一旦判断失误，将会让更多的资金蒙受损失。因此，在执行环节需要考虑的因素也较多。

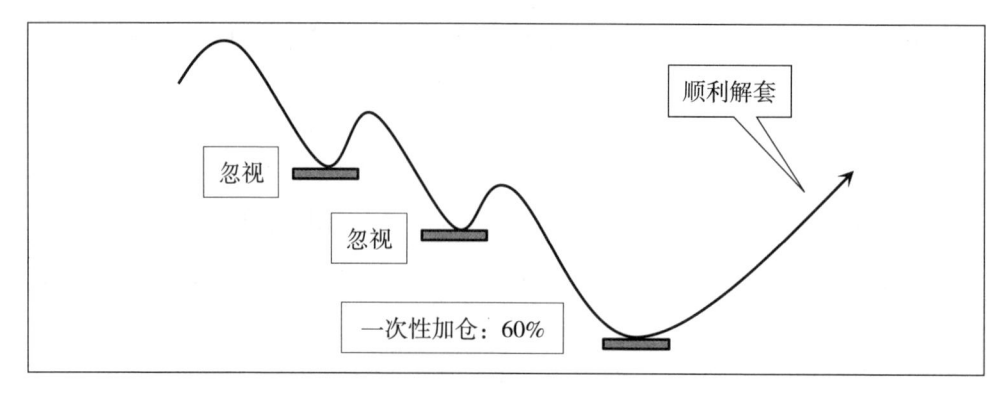

图10-10　理想的一次性加仓解套运行模式

第一，外部环境要求。

从某种意义上来说，一次性加仓颇有些毕其功于一役的感觉，因此对外部环境的要求比较高。通常来说，只有大盘环境向好或大盘已经彻底走出下跌趋势反转上行时，才是入场的时机。

第二，股票要求。

该解套方案对个股的要求主要有两个方面：其一，股票本身质地要好。绩优股的股价无论如何下跌，都可能会回归到与自身价值相符的状况，而垃圾股则可能会走出持续下跌的行情。其二，股价经过一波下跌后，受到了较强的支撑或者大盘出现趋势性转折。

第三，仓位分配与控制。

从投资安全角度看，任何选择都不可能百分之百准确，因此，选择通过一次性加仓解套的投资者仍需控制好仓位。用于一次性加仓的资金不能超过可用于该股资金的60%，当然，还需满足任何一只股票占总仓位的比重不应超过30%的限制。

第四，入场加仓方法。

在股价出现较大跌幅后，遇中长期均线的强力支撑或股价经过一波破位下跌后出现企稳反弹，而此时大盘指数也呈现向好态势，可考虑一次性入场加仓该股。

第五，止损与撤出。

当投资者所依赖的入场加仓位置被有效跌破，就说明选点失败，应立即进行止损操作。

与其他解套策略不同，一次性加仓解套方法并没有后续资金的注入，因此，投资者未来的选择只有两个：要么止损撤出，要么持仓躺平。对于已经严重低估的超级绩优股来说，躺平也是不错的选择。而对于质地一般的股票来说，止损也不失为明智之选。

下面来看一下美的集团的案例，如图10-11所示。

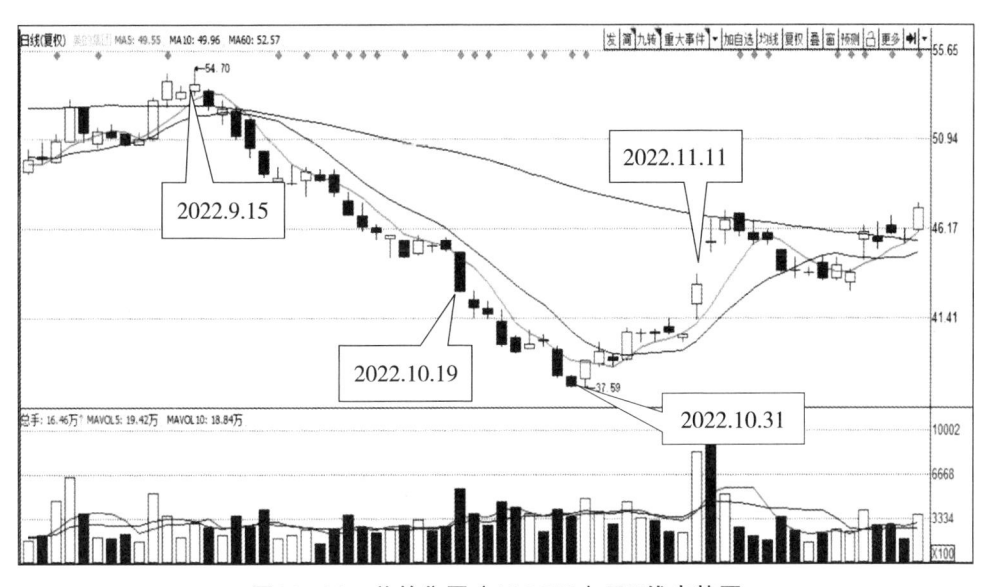

图10-11　美的集团（000333）日K线走势图

美的集团作为A股市场上的超级绩优股，股价在2020年年末一度达到108元。此后，美的集团的股价正式开启了一波振荡下跌走势。在振荡下跌过程中，其实不断地有投资者试图入场抄底该股，但多数投资者都被套牢其中。

比如，美的集团自2022年9月中旬开始了新一轮的下跌，股价在50多元，此时若有投资者入场，则很可能被套其中。假如投资者入场资金在2万元左右（按股价53元，400股计算，不考虑交易成本因素），此后该股又经历了一波大幅杀跌走势。想要一次性加仓的投资者，需要等到股价大幅杀跌企稳后，且大盘出现反弹或反转迹象时才能入场。

再来看一下大盘指数的走势情况，如图10-12所示。

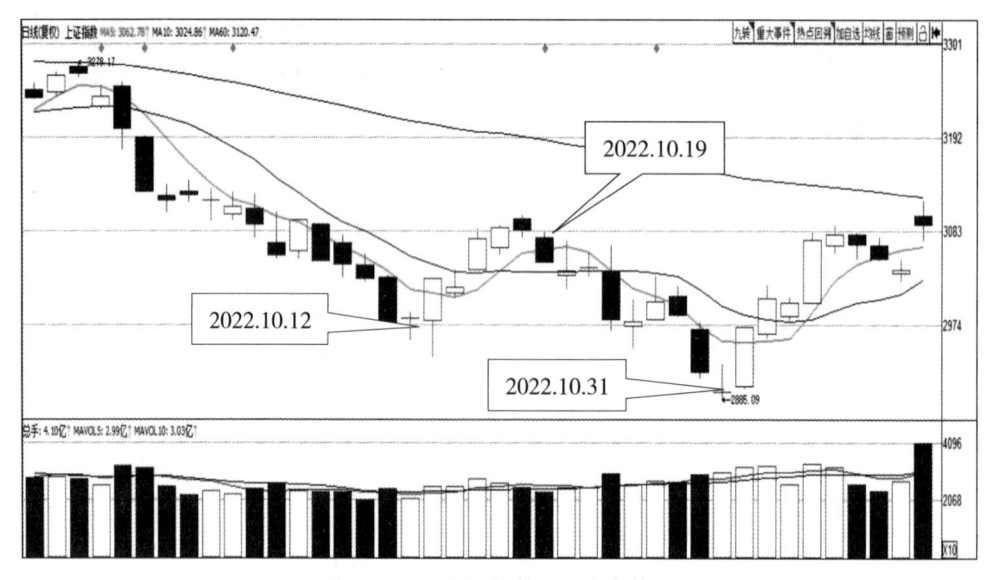

图10-12 上证指数日K线走势图

从图10-12中可以看出，大盘指数在2022年9月也经历了一波大幅下跌。到了10月中旬，大盘指数明显已经企稳，至10月底甚至呈现出明显的反攻迹象。对于想要通过加仓解套的投资者而言，此时无疑是一个不错的机会。

基于对大盘指数和美的集团本身质地的了解，在2022年10月底大盘企稳时，可以看成较佳的入场机会。投资者可在原来投资21600元（股价由54元下跌至38元左右，持仓金额在不计交易费用的情况下，剩下15200元）基础上，一次性入场加仓60800元（共计1600股），合计持仓金额为76000元（共计2000股）。一次性解套投入的金额应该占到能够用于该股总投资金额的60%左右（以10万元计，则应该在6万元左右）。

其具体持仓与成本数据，如表10-3所示。

表10-3　一次性加仓解套法实操数据表

交易时间	股价	买入金额	买入数量	持仓成本	持仓数量	持仓金额	持仓盈亏
2022.9.15	54元	21600元	400股	54元	400股	21600元	——
2022.10.31	38元	60800元	1600股	41.20元	2000股	76000元	-6400元

注：卖出金额与股票数量、亏损金额均用"-"表示，不含交易费用。

从表10-3中可以看出，按照一次性加仓解套方法，只要股价反弹能够达到41.20元左右，就可以顺利实现解套。那么，按此解套法操作的投资者，将在2022年11月11日顺利实现解套。